I0168552

CHAPELLE

DE

Notre-Dame-de-la-Victoire

Sise en la Paroisse de N-D d'Alleaume

(VALOGNES)

———— ◦ ————

NOTICE HISTORIQUE

Suivie de l'Office de N-D de la Victoire

COMPOSÉ PAR LE V. P. EUDES

et ornée de neuf gravures intercalées dans le texte

PAR M. L'ABBÉ J.-L. ADAM

Vicaire à N-D d'Alleaume

VALOGNES

TYPOGRAPHIE & LITHOGRAPHIE E. MARTIN

17, Rue des Religieuses, 17.

1891

8° L⁷k
27980

CHAPELLE DE N.-D. DE LA VICTOIRE

Tous droits réservés.

CHAPELLE DE NOTRE-DAME DE LA-VICTOIRE A ALLEAUME
(État actuel)

CHAPELLE

DE

Notre-Dame-de-la-Victoire

Sise en la Paroisse de N-D d'Alleaume

(VALOGNES)

BIBLIOTHÈQUE NATIONALE
DON
DELISLE-BURNOUF
N°
IMPRIMÉS

NOTICE HISTORIQUE

Suivie de l'Office de N-D de la Victoire

et ornée de neuf gravures intercalées dans le texte

PAR M. L'ABBÉ J.-L. ADAM

Vicaire à N-D d'Alleaume

VALOGNES

TYPOGRAPHIE ET LITHOGRAPHIE E. MARTIN

17, Rue des Religieuses, 17.

CIƆ IƆCCC XCI

IMPRIMATUR

Constantiis, die 2 Octobris 1891.

✝ ABEL, EP. CONST. ET ABR.

HOMMAGE RESPECTUEUX

A

Monsieur Léopold DELISLE

DE VALOGNES

MEMBRE DE L'INSTITUT

Administrateur général de la Bibliothèque nationale

AVANT-PROPOS

———:———

« BIBLIOTHÈQUE NATIONALE DON CONSERVATOIRE »

« Une petite notice sur le pèlerinage de N.-D. de la Victoire d'Alleaume, autrefois en si grande vénération, serait pour tout le monde, et, spécialement pour moi, d'un vif intérêt. Je serais heureux de voir relever le culte de Notre-Dame-de-la-Victoire, cette mère bien-aimée, aux pieds de laquelle j'ai tant de fois prié, en me cachant dans la chapelle des cloches. »

Voilà ce que nous écrivait, le 6 novembre dernier, un enfant de N.-D.-d'Alleaume, le Rév. M. H. Rouxel, prêtre de St-Sulpice, directeur et professeur au Grand-Séminaire de Montréal (Canada).

Ces lignes, tracées par la main d'un Docteur dont nous aimerons toujours à nous rappeler la filiale tendresse envers la T. S. Vierge, expliquent la raison d'être et le but de cette petite étude sur la chapelle de N.-D. de la Victoire.

Qui oserait faire un crime à un enfant de mettre en pratique les sages conseils d'un père vénéré et de redire les bienfaits de sa bonne mère? Ce que l'on peut légitimement regretter, c'est que l'exécution ne réponde pas à l'excellence de l'intention.

On a beaucoup écrit sur les lieux de pélerinage et sur les chapelles dédiés à la T. S. Vierge. Serait-ce s'exposer à être taxé d'exagération que d'affirmer que plusieurs d'entre eux étaient moins dignes de cet honneur que N.-D. de la Victoire d'Alleaume ?

Par son antiquité, elle mérite considération : elle remonte au moins au XIIe siècle, ainsi que la remarquable statue de pierre qui est encore honorée présentement dans l'église paroissiale.

Par son titre béni, elle inspire la plus entière confiance. — N.-D. des Victoires ! A ce seul nom, qui ne sent battre son cœur d'amour pour Marie, « la toute-puissance suppliante, » pour Marie, la Reine de la terre et des cieux ?

Les sanctuaires consacrés à la S. Vierge, sous ce vocable, sont célèbres par les victoires éclatantes qu'elle y a remportées sur le démon, la nature et le monde. — Ils sont relativement peu nombreux.

D'après le « Calendrier majeur de N. D. » publié par l'abbé Orsini, et, d'après « le Dictionnaire des Pélerinages Religieux » édité par l'abbé Migne, citons : 1° l'église de N.-D. des Victoires, à Paris, érigée en 1629 par Louis XIII, en mémoire de ses victoires sur les hérétiques. Depuis 1836, elle est le siège d'une archiconfrérie universellement connue.

2° L'église des chanoinesse de N.-D. de la Victoire de Lépante et de St-Joseph, établies en 1640, rue Picpus, par MM. de Gondi et Trébeuf, — supprimées en 1790.

3° L'abbaye de N.-D. de la Victoire, près de Senlis, construite (1225) à la suite de la victoire de Bouvines, remportée par Philippe-Auguste sur Othon IV, en 1214.

4° N.-D. de la Victoire, à Constantinople.

5° N.-D. de la Victoire, à Tolède, en Espagne.

6° N.-D. de la Victoire, vénérée dans l'église St-Marc de Venise.

7° A Rome, l'église Ste Marie de la Victoire. Elle s'élève entre les monts Pincio et Vinimale. Bâtie en l'honneur de Saint Paul, elle prit ensuite le titre de Sainte-Marie de la Victoire, en souvenir de plusieurs victoires remportées sur les Turcs et, spécialement, de la victoire de Lépante (1571). Les nombreux drapeaux rouges qui tapissent la voûte furent pris sur les Turcs en cette occasion.

C'est en mémoire de cette même victoire, obtenue par l'intercession de N.-D. du Très Saint Rosaire, que le Vénérable P. Eudes fit restaurer la chapelle du Castelley, à Alleaume, et qu'il la dédia à N.-D. de la Victoire, en 1643. Quelques années plus tard, il composa un office complet en l'honneur de N.-D. de la Victoire. Comme notre chapelle est la seule qu'il ait consacrée à la sainte Vierge sous ce vocable, peut-être n'est-il pas téméraire de croire qu'il ait composé ce bel office pour l'usage de sa chapelle d'Alleaume pour laquelle il avait une prédilection marquée.

Cette modeste chapelle est un des premiers sanctuaires du monde où l'on ait célébré les fêtes du St-Cœur de Marie et du Sacré-Cœur de Jésus.

La très Sainte-Vierge s'est plue à y manifester sa toute puissante bonté. Nous rapportons, d'après un auteur très digne de foi, le récit de la résurrection d'un mort. Nous sommes loin de connaître toutes les victoires qu'y a remportées Marie, tant dans l'ordre naturel que dans l'ordre surnaturel; mais, ce que nous sommes heureux de redire avec le P. Costil, « c'est que ce lieu fut depuis 1643 jusqu'à la Révolution, une source de grâces et de *merveilles* et qu'il fut fréquenté dans le pays comme le sont les *plus fameux pèlerinages*, dans les autres diocèses de la province de Normandie. »

Aujourd'hui, on a presque entièrement perdu le souvenir d'un passé si glorieux. Nous avons cru bon de le faire revivre pour la gloire de Marie.

— Indépendamment de la chapelle de N.-D. de la Victoire, la paroisse de N.-D. d'Alleaume exigerait, à elle seule, une notice spéciale.

Qui dira la joie intime qu'éprouve un Alleaumais qui a le « culte des reliques du passé » lorsqu'il vient à ouvrir les lourds in-folios du P. Montfaucon — l'antiquité expliquée — et, qu'à la suite des monuments de Rome la Grande il aperçoit, seuls pour tout le Nord de la France, les grands plans du balnéaire et du théâtre d'Alauna pouvant, dit-on, contenir plus de 6,000 personnes !

Une fierté bien légitime remplit toute les puissances de son âme, quand il lit dans le « Journal des Savants » les résultats des fouilles exécutées à Alleaume par plus de 200 ouvriers, sous la direction de M. de Foucault, intendant de la généralité de Caen, et du docte Jésuite, le R. P. Dounod, venu de Besançon pour étudier le plan de l'antique station Romaine qu'il déclare être aussi vaste que la ville de Rouen.

Aujourd'hui encore, Alleaume est la seule contrée du département qui offre des traces bien visibles d'édifices remontant au temps des Romains.

« Fuere Troes ; fuit Ilion ! » (Virg. Enéide, ch. IV.)
« Pauvre Alauna, tu n'es plus même un nom de lieu ! »

Depuis 1867, Alleaume, annexée à Valognes, n'existe plus comme commune.

Nul ne trouvera mauvais que, dans quelques notes forcément un peu longues, nous ayons essayé de résumer l'histoire de cette vieille Alauna qui est la sœur aînée de la ville de Valognes, et qui, au dire de M. de Gerville, aurait été la Capitale des « Unelli » dont parle Jules César dans ses commentaires.

Néanmoins, dans notre dessein, ces notes archéologiques n'ont qu'une importance secondaire.

Ce petit travail est, avant tout, un acte de piété filiale envers la T. S. Vierge.

« Il faut prier et surtout prier avec Marie pour obtenir la victoire et le triomphe de l'Eglise, » disait naguère S. S. Léon XIII à M. l'abbé Dumax, sous-directeur de l'archiconfrérie de N.-D. des Victoires de Paris.

Tel a été notre unique but : faire aimer de plus en plus Marie dans cette paroisse d'Alleaume dont elle est la patronne et obtenir de sa miséricordieuse bonté les trois victoires suivantes :

1º La conversion des pécheurs.

2º La sanctification du Dimanche.

3º La préservation de l'enfance et de la jeunesse, et leur persévérance dans les sentiers de la vertu.

— En terminant, disons avec reconnaissance que les encouragements les plus précieux ne nous ont pas fait défaut.

Notre éminent compatriote dont le nom universellement connu fait autorité en matière d'études historiques,

M. Léopold DELISLE, a daigné nous honorer d'un témoignage de sympathie que nous tenons en haute estime et pour lequel nous sommes heureux de lui exprimer publiquement notre plus vive gratitude. Dans une lettre du 18 juillet dernier, l'illustre paléographe nous faisait quelques remarques obligeantes sur certains points de détail; puis, il ajoutait: « le fond de votre thèse me paraît inattaquable... En somme, vous aurez rendu service, en fixant le souvenir et en déterminant le caractère de tout ce qui constitue l'histoire de la Chapelle de la Victoire... Je fais les vœux les plus sincères pour le succès d'une œuvre qui mérite d'être accueillie avec le plus sympathique empressement par nos compatriotes. »

M. Fr. DOLBET, archiviste du département, a eu l'obligeance de nous communiquer tout ce qui concerne Alleaume et N. D. de la Victoire, dans la magnifique collection de manuscrits qu'il tient de son grand-oncle, M. de Gerville.

M. Félix BUHOT, l'aqua-fortiste Valognais dont le talent est si légitimement apprécié dans le monde des artistes, nous a gracieusement fourni le dessin à la plume qui représente l'Eglise de N. D. d'Alleaume.

M. l'abbé DOUVILLE, aumonier des Dames Bénédictines de Valognes, nous a procuré le cliché qui a servi à la reproduction de la statue de N.-D. de la Victoire.

Le R. P. Le DORÉ, supérieur général de la Congrégation de Jésus et Marie, a daigné lui aussi s'intéresser à la petite histoire de N.-D. de la Victoire. Espérons qu'en retour, N.-D. favorisera la cause dont il est le zélé postulateur : la béatification du Vénérable P. Eudes.

Enfin, M. l'abbé BRIN, directeur au Grand Séminaire de Coutances, a bien voulu mettre à notre disposition ses rares connaissances dans l'art de l'illustration; sa savante collaboration nous a été du plus grand secours dans la composition de cette petite notice que nous avons entreprise par obéissance, et que nous publions, aujourd'hui, sous les auspices de N. D. « pour la plus grande gloire de Dieu et de sa Bien Aimée et Très Honorée Mère. »

J. L. A.

N. D. d'Alleaume, 8 septembre 1891,

fête de la Nativité de la Très Sainte Vierge.

BIBLIOTHÈQUE NATIONALE DON DE L'ISLE BURNOUF N°. IMPRIMÉS

CHAPELLE

DE

NOTRE-DAME DE LA VICTOIRE

————————

I: — ETAT ACTUEL

A un kilomètre au sud-est de l'Eglise de Notre-Dame d'Alleaume, au hameau de la Victoire, non loin du Vieux Château, et tout près de la route nationale de Cherbourg à Paris, se trouve une antique chapelle connue sous le nom de Chapelle de Notre-Dame de la Victoire.

Situation

Elle est située dans un enclos attenant à la propriété de M. Thion. Une avenue bordée de sapins y conduit sans qu'il soit nécessaire de passer dans la cour de la ferme. Il sera donc facile de l'isoler entièrement des autres corps de bâtiment, sans nuire ni à la beauté ni à la commodité de cette habitation, lorsqu'il plaira à la Sainte Vierge de s'y faire honorer de nouveau et d'y recevoir un culte public.

Destination   La Chapelle de la Victoire sert maintenant à l'usage de grange et de grenier à foin. On ne peut se défendre d'un certain serrement de cœur lorsqu'on vient à en franchir le seuil. La pensée des malheurs sans nombre qui sont venus fondre sur ce coin de terre depuis la désaffectation de cette Chapelle, la vue de ces arceaux sous lesquels s'exhalait en chants joyeux la piété de nos ancêtres et leur dévotion envers Marie, la présence de cette gracieuse piscine gothique qui orne le côté de l'épitre et la place de l'autel où fut si souvent immolé l'Agneau sans tache qui efface les péchés du monde, tout cela offre un pénible contraste avec la destination actuelle de ce sanctuaire vénéré. On ne peut s'empêcher de désirer ardemment de revoir la statue miraculeuse de la Sainte Vierge remise à la place d'honneur dans cette Chapelle où jadis elle se plut à manifester la puissance de son amour et où, maintenant encore, elle semble, de diverses manières, laisser paraître son mécontentement d'avoir été chassée de son temple par la Révolution.

Description   Il est rare de rencontrer un monument de ce genre, une simple annexe, qui soit plus important et mieux conservé. Sauf le campanille, la voûte et une partie des bas-côtés qui ont été démolis, le reste de l'édifice est en bon état. Il faudrait une somme relativement peu considérable pour le restaurer bien convenablement. Les portes et les fenêtres subsistent : il suffirait d'oter la maçonnerie qui bouche le portail et les cinq gracieuses fenêtres ogivales que l'on voit au chevet de la Chapelle. Les bas-côtés du chœur sont intacts ; ceux de la nef sont abattus. Deux grands cintres correspondant sans doute aux deux travées de la nef servaient de communication entre la nef principale et chaque nef secondaire ou bas-côté. On voit encore aisément à l'extérieur les assises des murailles; et, une ligne tracée sur un enduit de sable et de chaux marque nettement les reprises de ces murailles et de la couverture des bas-côtés.

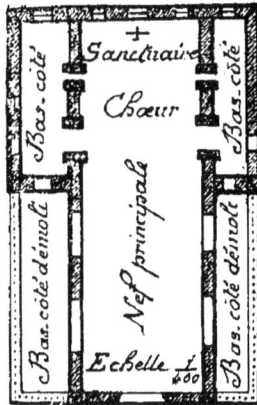

Fig. 2 plan de la Chapelle

Avant cette démolition qui dut avoir lieu pendar' la tourmente révolutionnaire, ou peu de temps après, la Chapelle de la Victoire avait donc trois nefs et mesurait 19 m. de longueur sur 11 m. de largeur environ. Aujourd'hui, la largeur du chœur est encore de 10 m.[60; mais comme la nef est privée de ses deux déambulatoires, sa largeur n'est plus que de 5 m 60, hors-œuvre.

L'ensemble du monument est de style roman. La petite baie qui surmonte le plein cintre du portail et les deux petites fenêtres qui éclairent la partie supérieure de la nef sont caractéristiques de l'époque dite de transition. D'un autre côté, les chapiteaux des colonnes engagées qui supportent l'archivolte du portail semblent revêtir la forme gothique; les cinq fenêtres de l'abside

Style

sont en tiers-point ou en lancettes. La seule inspection du monument nous mène donc à cette
conclusion: la chapelle de N.-D. de la Victoire
offre des traces de style roman et de style
gothique, et, par suite elle doit être du XII° siècle,
c'est-à-dire de l'époque romane tertiaire ou de
transition.

Cette appréciation à vue d'œil est-elle en parfaite harmonie avec la tradition locale et les
documents écrits qui se rapportent à la Chapelle
de N.-D. de la Victoire ? Voilà ce qu'il importe de
de voir avant tout pour ne pas porter un juge-
ment précipité et entaché d'erreur manifeste sur
l'origine de cette Chapelle.

II. — ORIGINE

1° La Chapelle de la Victoire tire t elle son nom et son origine d'un temple païen dedié à la Victoire ?

Sur ce point, le courant de la tradition
est double : D'après une première ver-
sion, la Chapelle de N.-D. de la Victoire remonterait au temps des Romains et serait aussi ancienne que le Balnéaire
et le cirque; elle aurait été bâtie sur les ruines
d'un temple élevé en l'honneur d'une divinité
païenne : la Victoire. — D'après la seconde, elle
serait beaucoup moins ancienne et aurait été
érigée en souvenir d'une Victoire remportée par
les Français sur les Anglais. — Voyons ce qu'il
faut penser de l'une et de l'autre.

FIG. 3 — VIEUX CHATEAU
Ruines du Balnéaire d'Alauna

S'il est une opinion vraisemblable, c'est bien assurément celle qui consiste à penser que la Chapelle de N.-D. de la Victoire à Alleaume remonte au temps des Romains. Quand on sait que la plupart des voies romaines (1) de la contrée aboutissaient à la Victoire, qu'Alauna était une cité romaine importante (2), qu'elle avait un

A. — Raisons pour affirmer.

8. — ALAUNA, cité romaine importante.

---

(1) Ces voies romaines qui aboutissaient à la Victoire et au Château des Bains, étaient celles d'*Alauna* à *Crociatonum* (St-Cosme?), à *Cosediæ* (Coutances), *Coriallum* (le Becquet, près Cherbourg?) D'autres se dirigeaient aussi vers la *Hougue*, *Barfleur* et *Pierrepont*. On les a reconnues à l'aide des tuiles (*Tegulæ et imbrices*), des meules, des pavés ou chaussées, des anciennes clôtures et des médailles. — Cf. Itinéraire d'Antonin. Carte de Peutinger, de Mariette, carte théodosienne, apud Dom Bouquet rerum gall. collect. t. I. p. 112; — *de Gerville* : Recherches sur les voies romaines du Cotentin, dans les Mem. de la Soc. des Antiq. de Norm. ann. 1829, tom. v. p. 1-60; itinéraire romain, m. ss. tom. I, 55°, tom. VII, 3 et 7; tom. IX, 17 et 19; t. X, 2; lettre de M. de Gerville au baron Walknaer sur Alauna, fol. XIV. — Ces manuscrits sont la propriété de M. Dolbet, archiviste du département.

(2) En 1695, M. *Foucault*, intendant de la généralité de Caen vint à Alleaume. Il employa longtemps 200 ouvriers à pratiquer des fouilles au Théatre et aux Thermes. Le *Père Dounod* qui l'accompagnait en étudia le terrain avec beaucoup de soin et assura que son étendue *n'était pas moins grande que celle de Rouen*. (Cf. *Journal des Savants* 1695, p. 440 ; nouvelle recherche de la France, tom. 2. p. 329 et suiv.) Presque toutes les *habitations* n'y étaient que des rez-de-chaussée bâtis en *bois et en torchis* (criticium opus) sur des fondations en pierres et souvent sans mortier. Comme les moins anciennes *médailles* trouvées au Câtelet sont de Maximus Magnus, on attribue la *destruction* d'Alauna à *Victor*, *fils de Maxime*, gouverneur de la Grande-Bretagne, battu et tué par Théodose-le-Grand à Aquilée (en 388)

Théâtre pouvant contenir plus de 6,000 specta-
teurs, un établissement de bains considérable
dont les ruines demeurent encore après dix-neuf
siècles d'existence, quand on se rappelle tout
cela,comment ne pas croire que cette même ville
avait aussi ses temples en l'honneur des Dieux

*b. — Le ha-
meau de la
Victoire.*

du Paganisme ? et, puisque l'un des quartiers
qui se trouvait sûrement dans son enceinte porte
de temps immémorial le nom de la Victoire,com-
ment ne pas se persuader que la Chapelle qui s'y
trouve n'ait pas été élevée sur les ruines d'un
temple érigé en l'honneur de la déesse de la

*c. — Mode de
construction
des soubas-
sements.*

Victoire ? — d'autant plus que les soubassements
des murailles de cette Chapelle semblent dénoter
une origine romaine, par la nature du ciment et
l'ensemble de la construction.

Voilà bien l'objection dans toute sa force.

Le fils du vaincu, regagnant la Grande-Bretagne, aurait exercé
sa vengeance sur la dernière ville romaine du continent en la
dévastant par le fer et le feu. Les habitants d'Alauna, échappés
à *l'incendie* et au massacre, se retirèrent au bas de la colline
dans un vallon situé à l'ouest, habité par des potiers (rue de
Poterie) et appelé le Val d'Alaune (Val Logne, d'où Valognes).

Cf. sur Alauna : art. de l'*abbé Lalmand* dans la Revue
Archéologique du Dép‘. de la Manche, p. 184 et art. de M. *Fagart*
sur la Victoire dans les Mém. de la Soc. Arch. Art. et Litt. de
l'arr. de Valognes t. III p. 115-123.

Cf. Aussi : *Monuments romains d'Alleaume.* — A Valognes
1844 in-8° 19 pages, par M. de Gerville et *Journal de l'arrond.
de Valognes* 1838.

Cf. *plan d'Alauna* par M. de Gerville dans l'Atlas de la Soc.
des Antiq. de Norm. planche x, année 1829. — (Fig. 4.)

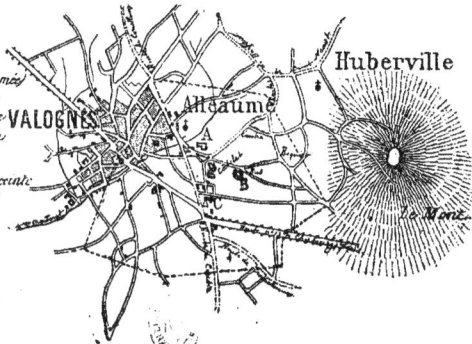

PLAN
des terrains qui comprennent les débris
d'ALAUNA

LÉGENDE

A Les Bains
B Le Théâtre
C La Victoire
D La Monnaie (présumée)
____ Enceinte d'Alauna
—··— Voie romaine reconnue
··—·· Voie romaine présumée

La Superficie de l'enceinte
d'Alauna est de
6.79 = 11

ÉCHELLE de
$\frac{1}{40.000}$

0   250   500   750   1000

Huberville

VALOGNES   Alleaume

le Mont

FIG. 4

Voici la réponse que nous croyons pouvoir y apporter.

D'abord, qu'il y ait eu un ou même plusieurs temples a Alauna du temps des Romains, cela est très-possible et très-vraisemblable.Que même ce temple se soit élevé non loin du Câtelet, au lieu connu sous le nom de la Victoire, cela est encore très-possible, quoique pourtant dans ses nombreuses fouilles, M. de Gerville n'y ait trouvé aucune médaille, aucune monnaie portant l'effigie de la Victoire (1).

---

(1) Cf. Lettre adressée par M. de Gerville à M. de Vanssay préfet de la Manche sur les 3,000 médailles d'argent découvertes à Sottevast et sur les médailles trouvées dans le département depuis 40 ans (1820). Mss. tom. iii. 10ᵉ (propriété de M. Dolbet, archiviste).— Ajoutons que, avant 1643, le *hameau de la Victoire porte toujours le nom de Haut Castelley*. Nous en trouvons une *première preuve* dans la *fondation* de Roger Moynet en 1616 qui donne une rente pour un sermon le jour Saint-Marc à la croix de la commune du haut Castelley en allant en procession à la Chapelle du Castelley. *La deuxième* se tire d'un *aveu* du 26 avril 1539, par lequel « Louis du Mesnil Eurry prestre, curé de Ste-Marie d'Aleaume, confesse et advoue tenir du Roy son souverain seigneur par fidélité et pure aumosne, un huitième de fief de Haubert,… domaine non fieffé, contenant 8 vergées environ, sur lequel est assis le presbytaire dudit *lieu* d'Aleaume avec quelque portion de terre labourable *au cartier du Chasteau Hélier* contenant une vergée ou viron, 33 boisseaulx de froment, 47 sols 2 den. tourn. 1 chappon, 3 poules et 10 œufs. » Cf. Mangon du Houguet, manuscrit de la Bibliothèque Sainte-Geneviève, Paris. On pourrait trouver une *troisième* preuve dans l'acte de décès cité plus loin où il est dit que Françoise de la Chesnée

Mais, que la Chapelle actuelle soit assise sur l'emplacement de ce temple païen, voilà ce que l'on ne pourra jamais arriver à établir et ce qui semble contredit par un ensemble de raisons dont nous allons exposer sommairement les deux principales.

a. — Les murs de la Chapelle sont construits avec les débris d'édifices romains.

Dans la Chapelle, au point de vue de la construction, il faut bien distinguer la nef et le chœur des bas-côtés qui sont d'origine récente et qui sont, pour ainsi dire, soudés, rapportés sur la partie ancienne et centrale du bâtiment. Cette partie ancienne dont il est avant tout question est construite en petit appareil arrondi qui rappelle entièrement les constructions romaines; mais cela ne suffit pas pour pouvoir conclure légitimement à l'origine romaine de l'édifice. Autrement, la plupart des maisons d'Alleaume seraient toutes d'origine romaine ; car, que l'on examine attentivement les maisons de la Dingouvillerie, de M. A. Le Cauf au Câtelet, de M. Laîné au Bas

---

faisait sa neufvaine en la Chapelle de Notre-Dame de la Victoire au *Castelley*, (2 avril 1647).

De plus, dans les *2 registres de la Confrérie du Saint-Sacrement* de St-Malo de Valognes, nous trouvons mentionnés : — « le quemin allant de la Foulerie aux *tours du Castillier* et la voye qui va de *l'ourme du Casteller* à l'église de Ste-Marie d'Alleaume » 1re partie fol. 69 recto, année *1428* (20 juin); — « la cache allant au Hamel ès Grives qui a pris depuis le nom des *Miquelets* (soldats espagnols), — le *quemin qui va au Casteller*» 2me partie, fol. 21, verso année, *1430*—et enfin le *Quemin tendant de Flottemanville au Casteller*, fol. 69 recto, année *1443.*

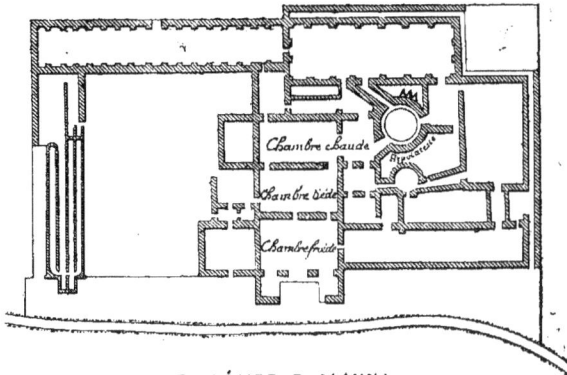

BALNÉAIRE D'ALAUNA
Levé en 1695 par ordre de Mr de Foucault.

Chambre chaude

Chambre tiède

Chambre froide

Fig.

Câtelet, et l'on verra que toutes sont également bâties en petit appareil et imitent parfaitement le mode de construction du Balnéaire (1), du Thé-

---

(1) Les *Monuments publics* d'Alauna étaient construits en pierre, voilà pourquoi on en voit encore des ruines. *Alleaume est la seule ville du département* qui offre des restes bien apparents du temps des Romains. — Le Balnéaire, auj. appelé le *Vieux-Château* des Bains, était encore bien conservé en 1695. *M. de Foucault* en fit lever le plan : il avait 270 pieds ou 45 toises de long sur 23 environ de large. Il y avait *3 chambres* de bains : 1ᵉ ch. *froide* (frigidarium); 2ᵉ ch. *tiéde* (tepidarium); 3ᵉ ch. à *suer* (sudarium). En outre, un *bassin* circulaire de 22 pieds de diamètre était placé sur 12 petits *fournaux* (hypocauste) servant à chauffer l'eau, amenée de la fontaine du Bus au Bas-Catelet, par un petit *aqueduc* souterrain dont on a découvert deux regards vers 1840 en plantant des pommiers. En 1773, le propriétaire des Bains fit *briser* la piscine des Baigneurs et les petits fourneaux. Il employa la sape et la mine pour tout détruire. Il n'y put réussir. « Les murs ont encore 35 à 40 pieds de hauteur et depuis 3 à 6 pieds d'épaisseur. *L'intérieur de ces murs est fait de petites pierres posées par lits*, taillées carrément sur 4 ou 5 pouces de face extérieure et 4 ou 5 pouces de cube. Toutes les *ouvertures étaient en plein cintre*. On a employé dans les arcs de la *brique* alternativement posée avec de petites pierres pour maintenir les bandeaux des cintres. »

Cf. de *Caylus*, « Recueil des Antiquités,» planche xc, supplem. plan géométrique de la piscine levé en 1765 par M. Cérés ingénieur des Ponts-et-Chaussées. — *Dom Bernard de Montfaucon*: « L'antiquité expliquée » édition 1722, iiᵉ part. tom. 3 chap. 1 p. 202, et planche cxxii donnant le grand plan du Balnéaire levé en 1695 et reproduit par M. Folliot de Fierville sur sa carte de Valognes en 1880. (Fig. 3 et 5)

âtre (1) et des restes de l'hôtel de la Monnaie (2). Cependant, qui oserait soutenir sérieusement que ces habitations remontent jusqu'au commencement

(1) Le _Théâtre_ était situé au Bas Câtelet dans un endroit nommé les _Buttes_ où on voit encore les restes du mur d'enceinte près de la Dingouvillerie. C'était, après ceux de Rome, _l'un des plus vastes et des plus curieux_ dont le plan et le dessin aient été conservés. Montfaucon dit qu'il était _plus grand_ que ceux de Sagonte, Pola et Pompée. Il donne une _gravure_ exacte des ruines de ce monument qui étaient encore bien conservées en 1695. Au lieu d'être un simple hémicycle comme la plupart des Théâtres Romains, il était en _forme de fer à cheval_. Son _diamètre_ était de 34 toises ou 204 pieds et la ligne qui le terminait n'était que de 32 t. ou 192. p. — _L'Orchestre_ avait 12 t. 1/2 de diamètre (75 p.) et la ligne qui le terminait n'avait que 9 t. 1/2 (57 p.) — Le _proscenium_ avait de même 57 p. de long. sur 12 de large. — Le _pulpitre_ avait 43 p. de long. sur 12 de large. Il y avait 2 _précinctions_ sans compter celles qui le terminaient et 10 _escaliers_ rangés 2 à 2 et allant de haut en bas.

Cf. de Caylus tom. 3. II part. p. 248 et Montfaucon tom. 3 p. 233, 248 et 249 (chap. v.) planche CXLV reproduite sur la carte de Valognes en 1880. (Fig. 6)

On a découvert au commencement du siècle la trace de 2 _vomitoires_ ou couloirs, des _médailles_ de Lucile, des 2 Faustine, d'Antonin, de Marc-Aurèle, et une grande _contre-marque_, portant d'un côté le nᵒ 1 et de l'autre 9 points arrondis, citée par **Magnin**, « Origines du théâtre », et soumise à l'académie des Inscriptions par M. Ampère. C'est une pièce _unique en France_. On en a rencontré une semblable près de la villa de Chelina dans la province de Constantine. Elle est gravée dans le grand ouvrage de M. Berburger, anc. bibliothécaire à Alger.

(2) Les ruines de l'_Hôtel de la Monnaie_ se voient encore dans le champ de la Victoire appartenant à M. Le Cauf, au Câtelet : Le P. _Dounod_ savant antiquaire de Besançon, qui accompagna M. Foucault à Alleaume en 1692 et 1695, affirma que ces ruines étaient d'un Hôtel de la Monnaie.

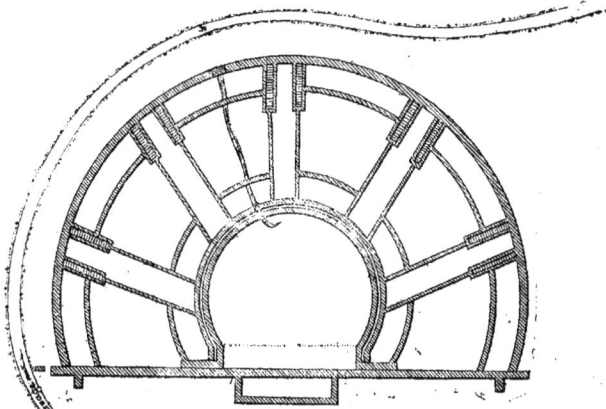

THÉÀTRE D'ALAUNA
Levé en 1693 par ordre de Mr de Foucault

Fig. 6

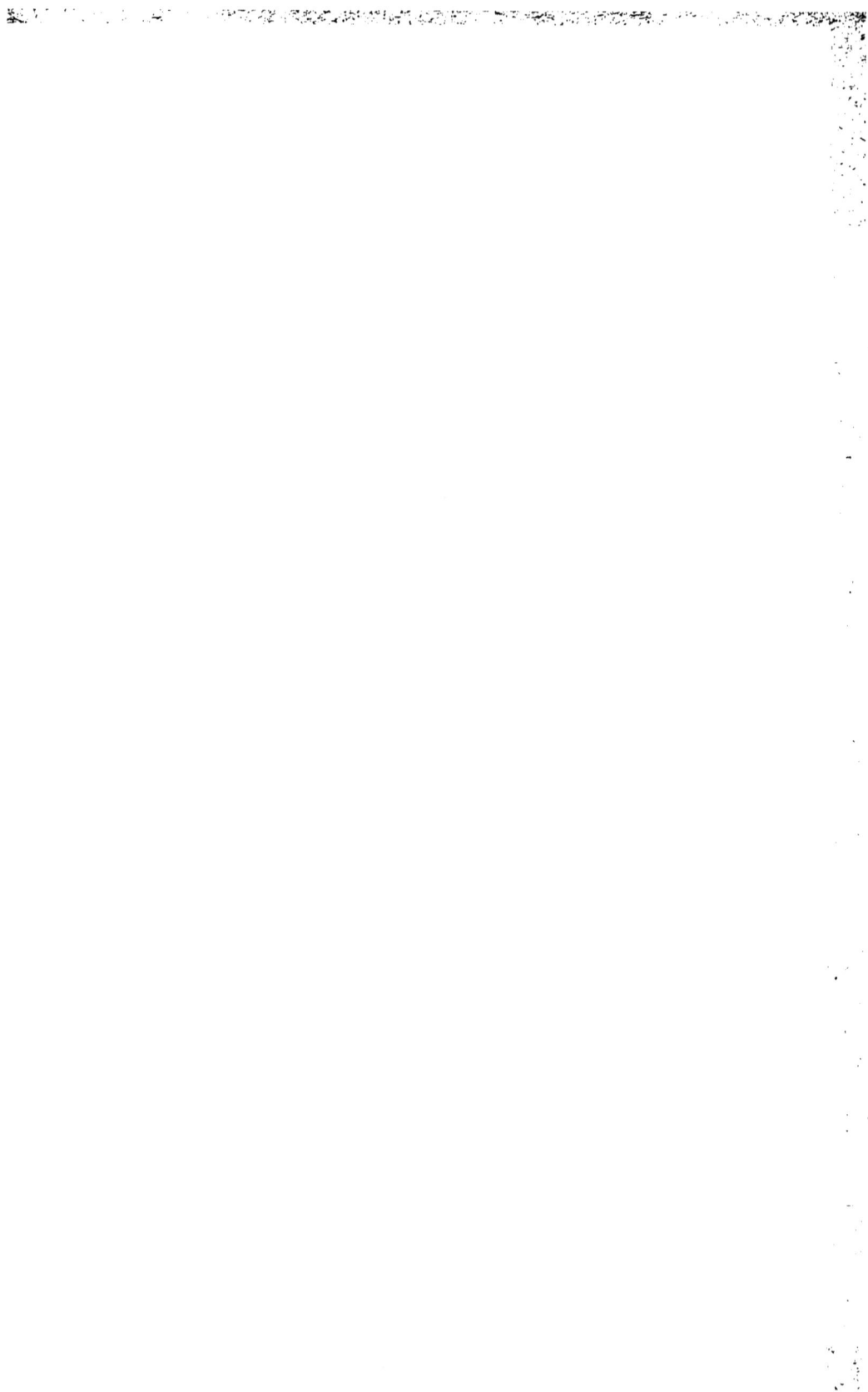

de l'ère chrétienne? La vérité est qu'elles n'ont que quelques siècles d'existence et qu'elles ont été bâties avec des pierres provenant des ruines des anciens monuments romains. De même, doit-il en être de la Chapelle qui nous occupe. A n'en pas douter, elle a été construite avec les débris de l'hôtel de la Monnaie, ou du Théâtre, ou du Balnéaire.

La vérité de cette assertion ressort de la seule inspection du mode de construction de la Chapelle; elle se confirme par une autre remarque sur laquelle nous allons nous étendre un peu, parcequ'elle nous semble décisive et péremptoire.

Que si vraiment la Chapelle de la Victoire s'appelait ainsi parcequ'elle aurait été élevée, soit aux premiers siècles de l'ère chrétienne, soit à une époque moins reculée, sur les fondements d'un temple romain dédié à la Victoire, cette chapelle aurait toujours porté le même nom depuis sa fondation. Or, il est certain qu'il n'en a pas toujours [été ainsi : dans les documents écrits qui en parlent, elle est désignée primitivement sous le nom de Chapelle du Castelley ou du Casteller, ou encore du Castillier, et c'est seulement à partir de 1643 qu'elle commence à porter le nom de Chapelle de la Victoire.

b. — La Chapelle n'a pas toujours été sous le vocable de N.-D. de la Victoire.

1. — Chapelle du Castelley avant 1643.

On peut s'en convaincre en lisant le « Livre Blanc » de la cathédrale de Coutances où l'on remarque ce passage: « avec l'Eglise d'Alleaume est annexée la Chapelle du Castelley. Le curé ne

Livre blanc

perçoit que les offrandes, 44 poules, 9 chapons avec les regards » — (1) — et en compulsant les différents titres de fondation, ou les pièces mentionnant les procès relatifs à cette Chapelle.

Fondations. Parmi les fondations qui précèdent 1643, citons — 1° celle que fit Roger Moynet le 14 mai *1616* : « par testatement passé à Valognes devant Michel de l'Omosne et Jean Gallot, il donna 10 livres,10 sols pour être vertis en rente pour un sermon le jour St-Marc, à la croix (2) de la commune du haut Castelley, en allant en procession à la *Chapelle du Castelley* et sera le fondateur recommandé aux prières par le prédicateur. » — 2° celle que Jacques Godefroy, régent du Grand Collège de Valognes (3), fit le 30 juin *1632* — « par acte passé devant Jean Gallot et son adjoint, à

---

(1) Voici le texte : « Cum ecclesia est annexa Capella de Castello. Rector nihil percipit nisi oblationes, quadraginta quatuor gallinas, novem capones cum regardis. » — On entendait par regards, respects ou droitures, tous les revenus en nature de moindre importance, tels que : pain, œufs, volailles (guelines et gelinotes), agneaux, etc.

Cf. Des revenus publics en Normandie au xii° siècle par M. Léopold Delisle.

(2) On voit encore la base de cette croix non loin de la Chapelle. Il y avait en outre à Alleaume, la *Croix St-Jacques*, près du Vieux-Château ; la croix *des Fols*. Les *Croix Bellissem* (route du Marais) sont déjà marquées sur le plan de Valognes levé par Lerouge, ingénieur du roi, (à Valognes chez de la Rue; et, à Paris, à la Croix d'Or, quai St-Bernard) en 1767. — Notons que notre Chapelle y est appelée *Chapelle des Victoires*. — La *croix d'Alleaume* a été érigée en 1825.

(3) On sait que le *Petit-Séminaire* de Valognes fut fondé en 1655 par M. l'abbé de la Luthumière de Brix, *fermé* par ordre

Valognes, il donna aux prêtres d'Alleaume 20
livres de rente au denier 14, à charge de célébrer deux services solennels en la *Chapelle du
Castelley*, l'un, le jour de la Visitation de N. D.,
l'autre, le jour Saint-Fiacre : chacun de ces services se consistera en 1res et 2mes vêpres, matines,
laudes et une messe des trépassés. Lesdites
vingt livres seront distribuées en la manière accoutumée (1). » — On le voit,

---

du roi en 1675, légué aux PP. de l'*Oratoire* en 1699, occupé par
des *Prêtres du Diocèse*, puis par les *R. P. Eudistes*, 10 Déc. 1729
(Annales tom. II p. 686). Mais ce que l'on ne sait peut-être pas
autant, c'est qu'avant la fondation de ce beau séminaire, il y
avait à Valognes « des *escholles où on enseignait la grandmaire
et la rhétorique.* » Le 7 juin 1534, le sieur *Lepoittevin des Mous-
tiers* donna dans ce but au *Trésor* de l'église de Valognes « une
maison et *boëlle allant jusqu'à la rivière du Merderet.* »

Où se trouvait cette maison ? L'*acte de donation* copié en entier
dans le mss. de *Mangon du Houguet*, à la bibliothèque de
Valognes ne l'indique pas d'une manière plus précise. Nous
pensons qu'elle se trouvait dans la *rue des Religieuses*, non
loin de la maison occupée par M. Duchesne *de la Sicotière*,
procureur de la République. Une ruelle (boëlle) conduit au Merderet, entre le pont Secouret et le pont La Fayette, et nous
apprenons de M. C. *Le Clerc*, président du Tribunal civil et de
la société archéologique, littéraire et artistique de l'arrondisse-
sement de Valognes, que cette venelle porte le nom de *rue des
Ecoles.*

D'après le chartrier de la Confrairie du Saint-Sacrement, esta-
blie en l'église Saint-Malo de Valognes, messire Jehan André,
prêtre de Flottemanville à la Hague, était recteur des *écoles à
Valognes*, en 1529 — folio 133.

Item, maistre Symon Lefebvre, prêtre, recteur, en 1530, fol. 134

(1) Nous avons encore une preuve que la Chapelle ne s'appelait point anciennement Chapelle de la Victoire, dans le registre

il n'est nullument question de la Victoire ; mais seulement de la Chapelle du Castelley, comme dans le « Livre Blanc ; » tandis qu'à partir de 1643 ; toutes les fondations faites en faveur de cette Chapelle la désignent sous le nom de *Chapelle de la Victoire.* Nous allons en donner quelques exemples détaillés parcequ'ils vont nous être d'un grand secours dans la suite.

2. — Chapelle de la Victoire après 1643.

Fondations.

— 1° « Jacques le Bourgeois, seigneur et patron d'Octeville, par contrat du 1ᵉʳ février *1646* passé devant Gallot à Valognes, fonda en la *Chapelle de la Victoire,* pour le 7 octobre, l'*office* de *N.-D. de la Victoire,* 1ʳᵉˢ et 2ᵒˢ vêpres, matines, laudes et la messe haute à diacre et à soudiacre ; pour ce, donna dix livres de rente foncière ; au Curé, 2 livres pour lui et son *droit de Chapelle* ; le surplus pour les prêtres, savoir : 2 livres à chaques vêpres et 4 livres à matines, à laudes et à la messe. On chantera aussi l'antienne *Memorare* avant la messe et *toutes les fois qu'on ira en procession* à ladite Chapelle. »

« Item, donne ledit seigneur six livres de rente aussi foncière pour une messe haute des défunts à diacre et soudiacre en ladite Chapelle le jour de son décès : 30 sols pour le Curé et *droit de Chapelle* ; le reste, præ manibus ; lesdites seize livres affectées sur le fief Malcheval, sis à Octeville-l'Avenel, au hameau de Biville. »

---

de la Confrérie du St-Sacrement de St-Malo de Valognes (fol. 93. recto, année 1440) où il est parlé du « chemin de l'Abbé tendanᵗ à la *Chapelle du Casteller.* »

— 2° Par contrat du 13 Décembre 1646, Pierre Foubert donna 10 livres de rente foncière à la Chapelle des Victoires.

— 3° Samson, le père, sieur du Gravier (1) fonda le 17 avril *1647* « une messe basse chaque jour en l'église d'Alleaume à *l'autel Saint-Maur* (2),

---

(1) Primitivement, le Gravier s'appelait le *fief de Valognes* : « Capellaria de Valoniis. » Henri II le donna au xii s. aux Religieux de l'*Abbaye du Vœu de Cherbourg* fondée par sa mère Malthilde. Le 26 sept. 1368, Jean de Grailly, le fameux captal de Buch, lieutenant du roi de Navarre, leur « octroya congié et licence de faire et édifier un *colombier* mouvant de terre là où il leur plaira en leur enclos de leur manoir du Gravier en la paroisse de Sainte-Marie d'Aleaume, pourveu toutes foyes que *à aucun ne porte préjudice*. Pour payer une taxe de 600 escus sols (1872 liv.) prélevée par le Roy, avec permission du Pape, ils *adjugèrent* au prix de 600 écus, par acte du 16 oct. 1586, le fief et provosté de Valognes, à Jean Virey, sieur du *Gravier* qui lui donna son nom de seigneurie.

Cf. M. ss. de *Mangon du Houguet*, à la Bibl. Ste-Geneviève à Paris, où sont réunies 37 chartes sur le Gravier (de 1155 à 1586.)

(2) Sur les Registres de Catholicité déposés au Greffe du Tribunal Civil, (à partir de *1602*), on trouve souvent mentionnée la *Chapelle Saint-Maur*. De temps immémorial, ce saint est second patron de la paroisse. Ainsi « Michel Letourmy fut inhumé près de la porte de la Chapelle Saint-Maur le 1er fév. 1645. » etc. C'est en *1408* que nous trouvons pour la première fois St-Maur d'Alleaume, dans un registre du fief que l'Evêque de Coutances avait à Valognes en dehors de son manoir épiscopal — cité par Mangon du Houguet (m. ss. en la possession de M. Lepelletier commissaire-priseur.)

Nous sommes heureux d'apprendre que notre savant compatriote, M. L. Delisle vient de découvrir à Grenoble treize manuscrits de Mangon du Houguet, très-précieux pour l'histoire de notre pays au xvi s. Cf. Annuaire de la Manche, ann. 1891,

excepté celle du samedi qui doit être dite en la
Chapelle de *la Victoire*; pour ce, donna 75 livres de
rente foncière sur ses biens qui seront payées par
Georges Jullien, escuier, sieur d'Arpentigny et
Jacques Frolant, escuier, sieur du Genestel, ses
gendres. »

— 4° « Jean Carrey, par contrat passé devant
Gallot et Robert Gautier, tabellions à Valognes,
le 3 août *1651*, confirmant et augmentant son
testament passé en 1650, donna la somme de
300 livres pour être converties en 21 livres de
rente pour les sieurs curés et prêtres d'Alleaume, aux charges : — 1° de célébrer une
messe haute des défunts en l'église d'Alleaume
pour laquelle sera distribuée la somme de
3 livres : au sieur Curé, 8 sous pour sa messe
et assistance; au trésor 7 sous, au custos 2 sous,
le reste aux prêtres présents. « — 2° En la *Chapelle de la Victoire*, 1res et 2mes vêpres, matines,
laudes, une messe des défunts et une messe du
jour, le 16 juillet, fête de N.-D. du Mont-Carmel.
A la fin des 1res et 2mes vêpres, seront chantées
les litanies de la Sainte Vierge et le libera à la
fin des services. Le Curé fera célébrer les deux
messes et aura 37 sous pour tout; 4 livres 3 sous
pour l'*entretien et décoration de la Chapelle* ; les
prêtres, 12 livres. »

— 5° « Pierre Durand, bourgeois de Valognes,
par contrat du 9 février *1654*, donna au sieur
Piquenot, curé d'Alleaume et *Recteur de la
Victoire*, une maison, sise à Valognes, rue du
Château, louée alors 15 livres, à condition de

célébrer 20 messes basses en la *Chapelle de la Victoire* à son intention et à celle de Catherine Josset, sa femme, les 1ers dimanches de chaque mois, les 5 fêtes de N.-D., une le jour du Saint-Sacrement, une le jour du décès du fondateur, enfin le jour du décès de sa femme, à charge aussi de payer à l'église de Valognes 4 livres de rente de telle nature que due est par la fondation Sara Durevye. ».

6° « Madelaine et Marie Capelle, sœurs, filles de feu Pierre Capelle, advocat, sieur de la Chapelle, par contrat passé devant Gallot et Creully, notaires à Valognes, le 21 février *1660*, donnèrent aux sieurs curé et prêtres d'Alleaume, la propriété de trois vergées et demie de terre à prendre dans une pièce proche de la *Chapelle de la Victoire*, à charge pour lesdits sieurs curé et prêtres de célébrer deux services par an en la *Chapelle de la Victoire*, l'un au 5 août, fête de N.-D. des Neiges ; l'autre le 8 février, *fête du cœur de la Sainte Vierge* (1) ; chacun des deux services se consistera en 1res et 2mes vêpres, matines, laudes et deux messes hautes à diacre et à soudiacre, la 1re du jour de la Sainte-Vierge, la 2me des défunts. »

7° « Françoise de Fontaines, veuve du sieur de Banneville d'Aigremont fonda en 1661 en la *Chapelle de la Victoire* au 1er juin, une messe

---

(1) Le 14 févr. 1669, M. Lefebvre, sieur de la Borderie, donna 13 liv. 3 sols pour un service solennel *du Cœur de la Sainte Vierge* à N.-D. d'Alleaume.

haute de Beata, à diacre et soudiacre et une messe basse des défunts à *l'autel privilégié* en ladite Chapelle, le 1ᵉʳ lundi ou le 1ᵉʳ vendredi après le 1ᵉʳ juin ; pour ce, donna cent livres pour être constituées en 7 livres 2 s. 10 d. de rente dont il y aura 30 sous pour la chapelle, 20 sous au curé pour la messe basse, le reste distribué aux prêtres assistants. »

8° « Louise Le Gey ou Le Gay, veuve de Louis Dancel, escuier, sieur de Thurin (1), par contract du 15 juin *1679,* fonda en la *Chapelle de la Victoire* pour les sieurs curé et prêtres d'Alleaume, un nocture, laudes et une messe des défunts avec libera etc., le jour de son décès (3 avril); pour ce, donna 5 liv. 11 s. 1 den. de

---

(1) La Seigneurie de *Thurin* ou Thury qui était un fief de plein haubert fut cédée par contrat du 18 juin 1680 au sieur Hervé Lefebvre seigneur de Montaigu-la-Brisette. — Dans un *aveu* du 10 mai 1684, il déclare que « celui des hommes en la maison duquel les pieds (placita) des forêts seront tenus doibt fournir une *nappe blanche* sur la table, la *salière* et du *scel* et de la *paille fresche* pour les *chevaux* et les *chiens* du seigneur ! » — Par *lettres patentes* de novembre 1563, Charles IX avait accordé à François Le Jay, escr, sieur de Carlot et père de Louise, veuve de Dancel, sieur de Barneville, la création « de *4 foires* par an audit lieu de Thurin à Vallongnes, la 1ʳᵉ le 1ᵉʳ jeudi après le mercredi des cendres; la 2ᵉ, le 1ᵉʳ jour de may, la 3ᵉ, le 15 juillet et la 4ᵉ, le 7 octobre avec 2 *marchez* les jours de *mardi et jeudi* de chaque semaine. » — Cf. autres *lettres* de Henri III (sept. 1573). — *adveu* de L. Le Jay 1604 — *transaction* entre le seigneur évesque de Bayeux et Fr. Le Jay devant les Tabellions de Bayeux, le 27 apvril 1578, au sujet de Thurin, etc. — Mangon du Houguet, mss. de la bibliothèque Sainte-Geneviève, Paris.

rente rédimable par 100 liv., dont la chapelle aura 15 sous ; le prêtre qui chantera la messe, 15 sous ; le reste sera distribué *præ manibus*. »

9° « Guillaume Grip, sieur de Savigny, par acte passé devant les notaires de Valognes, le 28 novembre *1678*, fonda 3 services : le premier, en l'église d'Alleaume, le 27 novembre, jour du décès du sieur de la Neuville, Jean-François Grip, son frère, qui se consiste en 3 messes hautes à diacre et soudiacre, du Saint-Esprit ou du jour, de la Sainte Vierge et des défunts, et le soir précédent : vêpres, un nocturne, et laudes des défunts ; le second service est l'office de *Saint François de Sales à la Victoire*, consistant en 1res et 2mes vêpres, matines, laudes et une messe haute avec De profundis et libera à la fin du service ; le 3me est l'office de *N.-D. des Neiges* en la même chapelle, le 5 août, qui se consiste comme le précédent. — A ces offices de Saint François de Sales et de N.-D. des Neiges, le curé aura 2 livres pour sa messe, assistance et *droit de Chapelle.* »

10° « M° J.-B. Heulard, prêtre, par contrat du 8 juin *1679* fonda le jeudi de l'octave du Saint-Sacrement, la *procession du Saint-Sacrement* d'Alleaume *à la Victoire* ; pour ce, donna 7 liv. 2 s. 10 d. de rente hypothéquée au denier 14. Le curé aura 1 liv., le trésor 10 sous, le custos aura 2 sous 10 den., le reste sera distribué aux prêtres de la paroisse qui auront assisté à la procession après laquelle on chantera : Libera, De profundis et oraisons accoutumées, si on ne pouvait faire la procession à cause du mauvais temps, on y suppléerait le jeudi suivant en l'église d'Alleaume. »

11° « Marguerite Carrey fonda vers *1700* l'*office canonial de Saint-Joseph, à la Victoire.* »

12° « Mᵉ Simon Heulard, prêtre, par testament du 1ᵉʳ novembre *1714* fonda en la *chapelle de la Victoire* 2 services et 3 grandes messes. » *(sic)*

13° « M. l'abbé de Russy, curé d'Alleaume par contrat du 4 janvier *1717*, se constitua en 47 liv.. 5 s. de rente hypothéquée au bénéfice des sieurs ecclésiastiques et trésor d'Alleaume et de la *chapelle de la Victoire*, par 854 liv. 2 s. comprenant 200 liv. amorties par le sieur Blainville de Pierrepont qui les devait à la *chapelle de la Victoire*, pour l'entretien du *pain et du vin.* »

14° « Demoiselle Jeanne Groult, veuve du sieur de Savigny, par contrat passé le 3 février *1723*, fonda une *messe matutinale pour chaque jour de l'année en la chapelle de la Victoire.* En 1758, Mgr l'évêque de Coutances réduisit cette fondation à cinq messes par chaque semaine. »

— Ce simple résumé de quelques-unes des fondations faites en faveur de la chapelle de la Victoire, suffit pour établir d'une manière évidente et incontestable que cette chapelle a été constamment désignée sous le nom de Chapelle de la Victoire depuis 1643 et que, par contre, avant cette époque, elle n'était connue que sous le titre de chapelle du Castelley.

Si nous avions besoin d'une autre preuve, nous
la trouverions dans les pièces des procès relatifs
à cette chapelle. Nous lisons, en effet, dans une
sentence de *1602*, jusqu'à sept fois le nom de la
Chapelle du Castelley et pas une seule fois celui
de Chapelle de la Victoire. Nous retrouvons les
mêmes expressions dans une charte du 16 décembre *1743* relative à une transaction passée
entre Mᵉ Jean-Pierre Caubrière, prêtre d'Alleaume et Mᵉ Charles-François Pigache, curé de
cette paroisse, « après avoir pris communication
des titres qui établissent incontestablement en
faveur dudit sieur curé qu'il est titulaire de la
*chapelle anciennement appelée du Castelley, à
présent de la Victoire*, située en ladite paroisse. »

Il serait inutile et fastidieux de prolonger
ces citations. On ne peut rien désirer de
plus clair ni de plus explicite : la chapelle de la
Victoire s'appelait anciennement et jusqu'en 1643
chapelle du Castelley: tous les vieux titres le
prouvent; par conséquent, cette dénomination de
la Victoire, ne saurait provenir d'un temple
païen dedié à la Victoire ; car, encore une fois,
dans cette hypothèse, la chapelle aurait dû, dès
sa fondation porter toujours ce même titre de la
Victoire, ce qui, comme nous venons de la cons-
tater, est faux et en contradiction formelle avec
une multitude de documents anciens.

Jusqu'à preuve du contraire, nous pensons
qu'il est impossible de soutenir raisonnablement

la première opinion sur l'origine de notre chapelle.

2° La Chapelle de la Victoire tire-t-elle son nom et son origine d'une victoire remportée sur les Anglais ou sur les Calvinistes ?

A. — Raisons pour affirmer.

Que penser de la seconde qui donne pour cause de l'érection de cet édifice religieux, une victoire remportée par les Français sur les Anglais ?

De prime-abord, cette manière de voir est, elle aussi, loin d'être dénuée de vraisemblance. Nul n'ignore les luttes sanglantes dont Valognes et ses environs furent le théâtre pendant la guerre de cent ans (1337-1453) et les guerres de Religion (1562-1598). Pendant une partie du XIV° et du XV° siècle, les Anglais furent maîtres de la presqu'île du Cotentin; mais cette possession ne fut pas toujours paisible. Ils durent

livrer des combats multiples pour conserver leurs usurpations et se maintenir dans la Basse-Normandie. Parfois, ils eurent l'avantage. C'est

ainsi que, le 4 juillet 1379, jour de la Saint-Martin-le-Bouillant, ils mirent en pièces la colonne française venue de Montebourg sous les ordres du capitaine Guillaume des Bordes. La rencontre eut lieu « ès bois, en une place qu'on dit Prestot (1) ». Plus de 120 français restèrent sur le

---

(1) Cf. Jehan Froissart, liv. II, ch. XLVII et tom. VI, p. 126, édition Buchon.

Cf. Thomas Walsingham n° 223 : « facta est in illa die magna salus in gente Anglorum. »

On n'est pas bien fixé sur *le lieu précis* de cette rencontre Quelques-uns la placent à la *Boissaye*. *Richard Séguin* dans son « essai sur l'histoire et l'industrie du Bocage, » a Vire chez Adam en 1820, la met au *Pont-à-la-Vieille*. Il oublie que la route nationale qui passe en cet endroit n'existe que depuis

carreau et les survivants durent se replier en toute hâte sur Sainte-Marie-du-Mont et Carentan, Mais, il n'en fut pas toujours ainsi ; et, les Français, de leur côté, remportèrent plus d'une Victoire.

Après la mémorable journée de Formigny (14 avril 1450), les Anglais vaincus prirent la direction de Cherbourg ; mais les habitants de Valognes et des environs ne purent oublier la longue tyrannie de l'étranger ; sans organisation militaire, ils allèrent au-devant des Anglais pour les empêcher de se rallier au château (1) de Valognes occupé par 150 des leurs. La rencontre se fit près de la *chapelle du Castelley*, le jour de la Pentecote (14 mai 1450) et l'ennemi fut mis en pleine déroute. Ceux qui échappèrent

Victoire du Catelet. (1450)

1770. Nous ne sommes pas éloigné de penser qu'il s'agit de l'endroit nommé le *hameau Brestot*, en pleine forêt de *Brix*, non loin de la route d'Alauna à Coriallum qui reliait à cette époque Montebourg à Cherbourg. Quoiqu'il en soit, cette bataille est ordinairement désignée sous le nom de *Pastoy ès-bois*.

(2) Le château de Valognes édifié, dit-on, sous Clovis, fut *démoli le 18 janvier 1689*, sauf la maison du gouverneur et la *chapelle*. Il ne reste plus nulles vestiges de cette citadelle sur « la place du Château. » Le *dernier siège* qu'il ait soutenu dura 15 jours. Il eut lieu pendant les guerres de la Fronde ; d'Harcourt et Matignon étaient avec les révoltés ; de la Luthumière, gouverneur de Cherbourg, leur envoya 5 pièces de canon parmi lesquelles était le Gros-Robin. Le marquis de Belfort gouverneur du château au nom du roi, *capitula* le mardi de Pâques, *6 avril 1649*. — Cf. mém. soc. arch. etc., de l'arr. de Valognes. — Le dernier siège de Valognes, par M. Fagart, t. 3, p. 37. — Plan du château, à la bibliothèque de Valognes.

furent massacrés un peu plus loin, sur Huberville, dans les champs que borde une croix encore connue sous le nom de *Croix aux Anglais* (1). Quant à ceux qui étaient enfermés dans
le château de Valognes, ils s'enfuirent par les
souterrains et gagnèrentCherbourg, leur dernière
possession, d'où ils furent chassés le 12 août suivant.

Cette victoire assura la délivrance de la Basse-
Normandie, et, dès lors,le pays put goûter quelque
repos. Mais il fut de trop courte durée.

b. **Guerres de Religion.**
Il y avait un siècle à peine que la contrée
jouissait des avantages de la paix, lorsque
les terribles guerres de Religion vinrent de
nouveau l'ensanglanter. Le duc de Bouillon,
gouverneur de la Normandie, penchait vers la
Réforme. tandis que son lieutenant, le fameux
Matignon, était un ardent catholique. A Valognes,les protestants étaient nombreux, et, comme
les édits leur défendaient de s'assembler dans
l'intérieur des villes, ils avaient établi leur prêche
dans la *chapelle de Saint-Etienne du Quesnay* (2), dans le quartier que l'on appelle encore

(1) Lorsqu'on rétablit cette croix détruite pendant la Révolution et qu'on refit la bordure du champ voisin, on trouva une
grande quantité d'*ossements* entassés pêle-mêle que la tradition
attribue aux vaincus de Formigny. — Cf. Fagart, loc. cit.
p. 120.

(2) Dans un aveu du 7 avril 1688, on mentionne la chapelle de
Saint-Marc du Quesnay et non pas *Saint-Etienne*. Le plein
fief et franc fief de Haubert, nommé le fief du *Quesnay* apparenait aux sieurs Pottier. Il était très-considérable. De ce fief.

aujourd'hui, probablement par confusion, la
Synagogue.Le 7 juin *1562*, un dimanche, l'émeute
ensanglantait les rues de la ville : catholiques et
protestants, exaspérés par les disputes conti-
nuelles et les froissements quotidiens, en étaient
venus aux mains. La victoire resta aux Catholiques (1).

Serait-ce donc en souvenir de ces victoires
remportées sur les Anglais et sur les Calvinistes
que l'on aurait érigé, sous le vocable de N.-D. de
la Victoire, la chapelle connue sous ce nom ?
Nous ne le pensons pas ; et cela, pour deux rai-

---

relevaient, par un huitième de fief de Haubert, le fief de *la Borderie* et *Malassis*. Le s' Pottier payait au roi 22 liv. de rente.
Voici, à titre de curiosité, quelques-unes des *rentes en nature*
qu'il percevait lui-même pour son domaine fieffé et non fieffé ;
« à la Saint-Michel : une paire d'esperons *garnis de cuir,*
3 *cercelles,* 45 *quarsonniers de froment*; à Noël, six-vingt
(120) *poullailles,* 8 *chapons,* plusieurs *pains*; à Pâques : 800
œufs, 18 *trenchois de bois*; la veille St-J^n-B^te, un *turbot* et
2 *surmulets,* une livre de *poivre,* 2 *larmières* de terre,
6 *puchiers* pleins de vin, 2 *videcoqs.*En outre, le fief de la Borderie lui devait, la veille St-J^n-B^te, 10 *escus,* une *paire
d'esperons dorés* et un *chappeau de houttons de roses ver-
meilles.* » — Cf. — Aveux du 9 juin 1604, 2 mai 1630, 7 avril
1688, dans Mangon du Houguet, m. s. s. bibliothèque Ste-Geneviève, à Paris.

(1) Le sire de Gouberville nous apprend dans son journal
que « les corps des deffuncts estoyent encore en la rue ce
jourd'hui, après mydi, et les femmes de Vallongnes venoyent
encor donner des coups de pierre et de baston sur lesditz
corps. » — Cf. aussi Delalande : les guerres de Religion dans la
Manche.

B. — Raisons pour nier.

a. Elle existait avant les guerres de Religion et de Cent ans.

b. Elle n'a reçu le titre de Chapelle de la Victoire qu'un demi-siècle plus tard.

sons. La 1re, c'est que, d'après le « livre noir » (1) et le « livre blanc » de l'évêché de Coutances, cette chapelle existait avant les guerres de Religion et même avant la guerre de cent ans ; par conséquent, sa construction ne saurait dater d'une victoire remportée dans ces guerres qui lui sont postérieures. En second lieu, comme nous avons pu nous en convaincre précédemment, son titre de Chapelle de la Victoire, ne lui fut donné que plus d'un demi-siècle après la cessation des guerres de Religion (1643) ; par suite, ce n'est point à une victoire remportée au xve ou au xvie siècle qu'elle doit sa fondation ni même sa dénomination actuelle, puisqu'elle existait au moins dès le xiiie siècle et qu'elle n'a porté le nom de la Victoire que depuis le xviie siècle. (2)

---

(1) On appelle ainsi ces 2 pouillés [polypthica] à cause de la *couleur de leur couverture*. Voici le texte du *livre noir du Chapitre de Coutances*, perdu au commencement de ce siècle et heureusement copié par M. de Gerville : « Ecclesia sancte Marie l'Aleaume, patronus rex. Episcopus Constantiensis percipit duas garbas ; rector, tertiam cum elecmosynis et valet *capella* LXX libras. » Cf. Historiens de la France et des Gaules, par MM. de Wailly, L. Delisle et Jourdain, tom. 23, page 522.— M. L. Delisle place la confection du livre noir en 1251, avec interpolations de 1278 à 1349, et celle du livre blanc « inter annos 1332 et 1336. » M. Lepingard a trouvé qu'il y avait des interpolations postérieures. Il est avéré que le livre blanc n'est pas du tout la copie du livre noir.

(2) M. Fagart affirme sans preuves dans les mém. de la soc. arch. de l'ar. de Valognes, t. 3, p. 120 : — « en souvenir de la défaite des Anglais, l'ancien temple romain, chapelle au Castelet, fut restauré et dédié à N.-D. de la Victoire. » — C'est ce qu'il faudrait démontrer.

Il est impossible de fixer exactement l'année de l'érection de la Chapelle du Castelley. On voit, il est vrai, gravée sur une poutre, la date 1121, accompagnée des sigles légendaires : S. P. Q. R. Mais, tout porte à croire qu'elle y a été mise à une époque récente; et, tout ce qu'il semble permis de supposer de plus favorable, c'est qu'elle ait été gravée par une personne qui connaissait l'exactitude de cette date à l'aide de documents anciens, perdus pendant la tourmente révolutionnaire. Quoiqu'il en soit, elle s'accorde parfaitement avec les données architectoniques de l'ensemble de l'édifice qui se rapportent à la seconde moitié du XIIᵉ siècle. Dans les siècles antérieurs, nous ne retrouvons dans les documents écrits nulle trace de l'existence de la Chapelle du Castelley (1); mais, dès le siècle suivant, le « livre noir » et le « livre blanc » nous la signalent et nous indiquent ses charges et son revenu.

Comme nous savons, par ailleurs, qu'on ne peut légitimement lui donner une origine plus ancienne ni plus récente, nous sommes en droit de conclure, jusqu'à preuve du contraire, qu'elle fut érigée au XIIᵉ siècle.

Mais, dans quelles circonstances a-t-elle perdu sa dénomination primitive pour acquérir celle de Chapelle de N.-D. de la Victoire ? Voilà le point

3° La Chapelle de Notre-Dame de la Victoire semble être du XIIᵉ siècle.

a. Date gravée

b. Détails architectoniques.

c. Déduction des documents écrits qui précèdent et suivent le XIIᵉ siècle.

---

(1) M. Fagart dit qu'une « chapelle fut édifiée (à Alleaume) avant le Xᵉ s.; elle portait le nom de Chapelle de Lessert. » Cf. mém. de la société arch. art. litt. et sc. de l'arrond. de Valognes, tom. III, page 118. — Nous ignorons sur quel document repose cette assertion.

qu'il importe maintenant de mettre en relief et sur lequel nous allons essayer . de répandre quelque lumière.

✳

III. — DÉDICACE DE LA CHAPELLE DU CASTELLEY
SOUS LE VOCABLE DE NOTRE-DAME-DE-LA-VICTOIRE
— CONSÉQUENCES —

1° Chapelle du Castelley presque abandonnée au XVII° siècle.

ENDANT les guerres de Religion, la Chapelle du Castelley dédiée à Notre-Dame dont les protestants rejettent le culte, fut fermée et abandonnée. Cependant, à partir de 1603, le curé d'Alleaume « fit célébrer une messe chacun dimanche de la sepmaine, sçavoir d'empuis Pasques jusques à la Saint-Michel, à 7 heures du matin ; et, d'empuis la Saint-Michel jusques à Pasques, à 8 heures (1).» En 1616, la paroisse d'Alleaume s'y rendait en procession le jour Saint-Marc (2) et, en 1632, on y acquittait deux services, le jour de la visitation de N.-D. et le jour Saint-Fiacre (3). Néanmoins,

---

(1) Sentence de 1602, confirmée en 1603, dans Mangon du Houguet, m. ss. Bibliothèque Ste-Geneviève, Paris.

(2) Fondation de Roger Moynet.

(3) Fondation de Jacques Godefroy.

la Sainte Vierge ne recevait plus dans sa chapelle les mêmes honneurs que par le passé ; les peuples ne se rendaient plus avec le même empressement au pied de ses autels; son antique statue était presque entièrement délaissée. Ce fut alors que la Sainte Vierge se choisit un apôtre selon son cœur et qu'elle lui inspira la résolution de rendre à son culte, la pompe et l'éclat des anciens jours. C'est au R. P. Eudes que revint cet honneur insigne.

On sait que le Vénérable Jean Eudes, frère de François Eudes de Mezeray, historiographe de France (1), après avoir fondé, en 1643, la congrégation de Jésus et Marie, qui maintenant encore porte son nom, continua de parcourir la Normandie pour ranimer la foi dans les esprits et la charité dans les cœurs (2). Il prêcha deux missions à N.-D. d'Alleaume, la première en 1643 et la seconde en 1649. Celle qu'il fit en 1643, pour les paroisses de Saint-Malo de Valognes et de N.-D. d'Alleaume, est demeurée célèbre. « La multitude du monde était si grande, dit-il lui-même dans son *Mémorial*, que j'étois obligé de prescher tous les jours, hors de la ville, derrière le chasteau, et l'on croyait qu'il y avait *quarante mille*

2° Chapelle du Castelley rétablie par le V. Père Eudes sous le vocable de Notre-Dame de la Victoire.

---

(1) Remarquons que ce fut en cette même année 1643 que parut « l'histoire de France » de Mezeray. Elle eut, comme elle le méritait, un succès prodigieux.

(2) « Je vous puis protester que c'est un homme *tout à fait apostolique* et qui a fait des merveilles par toute la Normandie pour le salut des âmes. » — Lettre de Mgr Cospean au card. Grimaldi, 20 fév. 1645.

personnes aux dimanches et aux festes. » Au
commencement de la mission, le P. Eudes mit
fin à l'Académie des *précieuses ridicules* de
Valognes qui « s'arrogeaient le droit de décider
du mérite des prédicateurs, de les critiquer et de
prononcer en dernier ressort sur ce qui s'appelle
œuvre d'esprit (1). » Mais, voici le fait qui intéresse
tout particulièrement l'histoire de notre chapelle.

Récit du P. J. Martine. « La mission était déjà avancée, dit le P. Jullien
Martine (2), et les peuples fort animez à donner à
Dieu des marques de leur amour; le serviteur de
Dieu voulait profiter de ces bonnes dispositions
pour laisser à la postérité un monument digne
de sa piété et de sa tendre dévotion envers la
Très-Sainte-Vierge. Il y avait en la paroisse
d'Alleaume, qui tient à Valognes (3), *une ancienne*

---

(1) Elles n'avaient point de chef pour présider leurs assemblées. Le P. Manchon n'en trouva pas de « plus apte en toutes manières à remplir ce noble employ que *l'ânesse de Balaam !* » (Annales, liv. II ; Fleurs, p. 161).

(2) Vie du R. P. Jean Eudes, manuscrit inédit publié par l'abbé Lecointe, tom. I. p. 133 et 149.

(3) La commune d'Alleaume a été *annexée* à celle de Valognes, en vertu d'une loi votée par le corps législatif, le 20 mars 1867. — Cette annexion souleva de violentes tempêtes. — Cf. *Discussion* des motifs sur lesquels on fonde l'annexion de la commune d'Alleaume à la ville de Valognes, par M. Guillemette, juin 1861, 15 p. in-8°. — *Observations* en faveur des habitants d'Alleaume contre le projet d'annexion de leur commune à la ville de Valognes, par M. P. Née, maire d'Alleaume, 16 août 1861, 35, p. in-fol., imprim. Martin. — *Rapport en vers* sur le projet d'annexion de la commune d'Alleaume à celle de Valognes, présenté à MM. les membres du Conseil général de la Manche, 1861,

chapelle presque abandonnée, puisqu'elle n'était fréquentée qu'une fois l'an, le jour où il était d'usage d'y dire la messe en l'honneur d'un saint dont le culte était assez vague, car on n'en sçavoit pas même le nom (1). L'image qui se trouvait dans cette chapelle étoit pareillement innommée et la chapelle elle-même ne portoit aucun titre. Un tel état de choses parut, avec raison, ridicule au serviteur de Dieu ; il fit faire tant de recherches qu'on réussit à trouver d'anciens titres (2) qui démontraient que cette chapelle avait été dédiée à la Très-Sainte-Vierge. »

---

impr. vᵉ Carette-Bondessein. Dans une note, l'auteur parlant de la rue de *Poterie*, laisse entendre que ce quartier, qui a perdu l'usage de faire les *pots*, conserverait encore celui de les vider passablement ! — Quelle indigne calomnie ! — Voici l'épigraphe de ce curieux rapport :

> De toi que va-t-il rester ?... Un BALNÉAIRE !...
> Un modèle ébréché du dessin linéaire.
> Pauvre ALAUNA, — tu n'es plus même au nom de lieu,
> Courbe la tête, et dis : « A la grâce de Dieu ! »
> (Chap. Iᵉʳ des Lamentations)

(1) Le récit du P. Martine et celui du P. Costil diffèrent l'un de l'autre. Au dire du premier, la chapelle était « *presque* abandonnée ». Suivant le second « elle était *entièrement* abandonnée. » Cf. Annales, tom. I, page 76. Cette dernière assertion nous semble exagérée, vu la teneur de la sentence de 1602 et des fondations de 1616 et 1632.

(2) Il serait intéressant de connaître ces titres. Nous ne connaissons que deux chartes où il soit mentionné que la chapelle du Castelley fût dédiée à la Sainte Vierge : 1° « Nicolaus Robertus de Valupniis... dedit ad *ecclesiam Sancte Marie de Casteler* terram quæ reddit unum qua·tarium frumenti. » Cf. Cartul. de l'abb. de Saint-Sauveur-le-Vicomte. p. 56, alin. 143 (an. 1222), — aux Archives départ. — 2° « Ad capellam *sancte Marie de Casteler* » à propos du fief de Valognes (Gravier) dans un autre mémoire. mss. de Mangon du Houguet.

« Le P. Eudes, plus ravi de cette découverte
que s'il avoit trouvé un trésor, engagea fortement
les fidèles à rétablir cette chapelle, et, tous se
firent un plaisir d'y contribuer, chacun en sa
manière. Il seroit difficile de dire quel fut l'empressement que tous montrèrent pour cette
bonne œuvre. Pour réparer cette chapelle et la
mettre dans un état décent, les uns donnèrent
des matériaux, les autres de l'argent ; les ouvriers de différentes professions vinrent en foule
offrir leurs services, sans vouloir être à charge
ny au P. Eudes, ny à ses confrères; en un mot,
chacun s'y employa selon son pouvoir, de sorte
qu'en très-peu de temps, la petite église se trouva
réédifiée. Il la consacra sous le nom de *Notre-
Dame de la Victoire* (1). Il inspira tant de dévotion pour ce saint lieu, que, depuis ce temps-là,
il est devenu une source de grâces et de merveilles, semblable à tant d'autres lieux dédiez à
la mère de Dieu, où les peuples vont offrir leurs
supplications et leurs vœux et où ils reçoivent
des marques éclatantes de la protection de cette
mère de miséricorde, ainsi que beaucoup de personnes l'ont heureusement éprouvé. On a continué, depuis lors, de fréquenter cette chapelle
avec beaucoup de dévotion et de fruit. » Ici s'ar-

---

(1) Il est donc *inexact* de dire avec M. Fagart que « le
P. Eudes *restaura le culte de N.-D. de la Victoire.* » Mém.
soc. arch. arr. de Valognes, art. sur la Victoire, tom. III,
p. 121. La vérité est qu'il *restaura la chapelle* et la *consacra
sous le nom de N.-D. de la Victoire qu'elle ne portait pas
auparavant.*

rête le récit du P. Martine. Il ne nous donne
aucun détail sur ces grâces et ces merveilles
opérées par l'intercession de N.-D. de la Victoire.
Mais le P. Costil adoucit un peu nos regrets,
dans ses « Annales de la congrégation de
Jésus et Marie. » Voici, en effet, ce qu'il écrit
dans le tome premier de ce précieux manus-
crit (1) : « Le Père Eudes avait érigé une cha- Récit du R. P.
pelle en l'honneur de N.-D. de la Victoire et, ce Costil.
lieu était devenu depuis fort célèbre à raison des
grâces que Dieu y opérait. Elles continuèrent
depuis, et, les misssionnaires de Vély (2) furent Miracles
témoins de deux grâces singulières qui y furent
accordées en faveur de cette dévotion. Une fille
nommée Catherine, de la paroisse de Néhou, eut
le bonheur de recevoir l'une de ces précieuses
faveurs. Cette pauvre fille, que l'on croyait possé-
dée, avait été, dès l'année précédente, c'est-à-dire
en 1649, à la mission de Bricquebec; mais, ses
parents, affligés de la voir dans l'état pitoyable où
elle se trouvait, et qui était comme une espèce de
désespoir, ne pouvant plus se résoudre à prier
Dieu ni dire son Rosaire, la menèrent à la
seconde mission qui se fit en la paroisse d'Al-

---

(1) Annales de la congrégation de Jésus et Marie, t. ɪ, p. 197
et 198.

(2) Vesly, arr. de Coutances, canton de Lessay, 1058 h. Le
P. Eudes y réédifia une chapelle qui était à peu près dans la même
disposition que celle de la Victoire. Elle se nommait N.-D. de la
Sole. Il la consacra de nouveau à la Très-Sainte-Vierge, sous
le nom de N.-D. de Consolation. — Cf. Martine, vie du P. J.
Eudes, t. ɪ, p. 308. — Annales tom. ɪ, p. 197.

leaume ; et, l'ayant fait consentir à faire une neuvaine à N.-D. de la Victoire, il parut que c'était le lieu où la divine bonté l'attendait pour la faire triompher de ses ennemis, par la parfaite guérison qu'elle y reçut par l'intercession de la Sainte Vierge. Elle vint à la mission de Vély pour faire part aux missionnaires de cette grâce qu'elle avait apparemment reçue après leur départ d'Alleaume, comme à ceux qu'elle savait, après Dieu et la Sainte Vierge, avoir pris le plus d'intérêt à son affliction, ce qui ne servit pas peu à augmenter la dévotion des fidèles et la confiance des missionnaires pour cette mère commune des chrétiens qui, les regardant comme ses propres enfants, ne peut qu'elle ne s'attendrisse sur toutes leurs misères. »

En outre, « une femme qui avait un enfant, ayant eu la douleur de le perdre, après l'avoir vu languir quelque temps, conçut une ferme espérance de le recouvrer et fit un vœu d'aller visiter la chapelle de la Victoire dont on vient de parler. Sa foi mérita d'être exaucée, et, *trois heures après la mort* de cet enfant, elle eut la joie de l'embrasser *plein d'une vie nouvelle.* Elle en fit part à son confesseur qui l'envoya à cette chapelle pour y remercier sa bienfaitrice et rendre à Dieu la gloire de ce prodige, en le déposant entre les mains de M. le curé d'Alleaume, sur territoire duquel la chapelle est située. »

C'est donc en 1643 que la Chapelle du Castelley perdit ce titre pour prendre celui de N.-D. de la Victoire. Ce fut en cette année, dit encore le P.

Costil (1), « que le R. P. Eudes profita du crédit
que la parole de Dieu s'étoit acquis dans cette
ville (de Valognes) pour établir dans la paroisse
d'Alleaume, qui en est proche, une dévotion par-
ticulière à la mère de Dieu sous le titre de N.-D.
de la Victoire, dans une chapelle qui était
entièrement abandonnée et qui reprit, par ce
moyen, un nouvel éclat. Ce lieu est devenu,
depuis ce temps, une source de GRACES ET DE
MERVEILLES, ET EST FRÉQUENTÉ DANS LE
PAYS COMME LE SONT LES PLUS FAMEUX PÈLERI-
NAGES DANS LES AUTRES DIOCÈSES DE LA PRO-
VINCE (2) »

On le voit, à partir de cette époque, il y eut
dans toute la contrée un renouvellement de
dévotion et de ferveur envers la Très-Sainte
Vierge. Les habitants d'Alleaume manifestèrent
leur piété et leur amour envers N.-D. de la Victoire, en fondant des *processions* et des *services*
religieux. Déjà, nous avons rapporté les fondations faites par Roger Moynet, J^n-B^{to} Heulard et
Le Bourgeois relatives à la procession de N.-D.

---

(1) Annales ; tom. I, p. 76.

(2) On y venait de très-loin. Voici, par exemple, ce que nous lisons
sur le registre où sont « couchez » les inhumations de la paroisse
d'Alleaume pour l'année 1647, déposé au greffe du tribunal civil
de Valognes : « Une fille nommée Françoise aagée environ de
18 ans, fille naturelle du Sieur de la Chesnée, venant la paroisse
de *Sainte-Suzanne en Bauptois*, et, décédée en la maison
d'Estienne Carrey, faisant sa neufvaine en la *Chapelle de Notre-
Dame de la Victoire* au *Castelley*, a esté inhumée dans le
cimetière de l'église d'Alleaume, le deuxième jour d'avril 1647. »

d'Alleaume, à la Victoire, le *dimanche* de la Pentecôte. Saint-Malo de Valognes y venait le *lundi*, et, Montebourg le *mardi*. Pendant plus de trois siècles, la paroisse St-Malo de Valognes se rendit annuellement en procession à l'église de *N.-D. de Brix*, le mardi de la Pentecôte ou le jour Saint Barnabé. Un sieur Froland avait d'abord fondé 6 livres de rente pour cette procession qui faisait station au retour à la *Croix-du-Bois*. Le curé Guillaume Le Saché fit une nouvelle fondation de 6 livres de rente pour offrir à tous les membres du clergé une rénumération plus convenable, et, établit en même temps une dernière station aux *Portes-l'Evêque*, en rentrant en ville. Le pélerinage à *N.-D. de Brix* était tellement en honneur à Valognes que les Cordeliers (1) imitèrent la paroisse

---

(1) Nous en avons une *preuve* dans l'acte de donation que leur fit en 1586 Jean de Tourlaville, abbé de Hambye, d'une pièce de terre à la Croix-Morville, valant 733 livres.

Parmi les *fondateurs* du couvent, on remarque les Le Tellier de *la Luthumière*. Ils s'étaient reservé le droit de sépulture dans l'église, consacrée en 1477 par Jean Le Rat, évêque suffragant de Janopolis. Les cœurs d'Anthoine et Jacques (frères du fondateur du séminaire de Valognes), y furent enterrés sous le grand autel. « *Antoine* mourut à Metz le 21 oct. 1635 et fut enterré aux Célestins de cette mesme ville, son cœur ayant été apporté aux Cordeliers de Valloingnes. *Jacques fut inhumé à N.-D. de Brix*, le 29 de juin 1646 : » Cf. Hist. mss. des Matignon et de la maison de la Luthumière, aux *archives du palais de Monaco*, ancienne boîte 12, liasse 1, côté 8. — et Inscription tumulaire rapportée dans *Mangon du Houguet*, mss. à la bibliothèque de Valognes. — En 1792 on établit aux Cordeliers une *manufacture de faience et de porcelaine*. Elle dura jusque vers 1840. L'Eglise d'Alleaume possède sept *statues* assez

et continuèrent longtemps de se rendre processionnellement à Brix, le 3 août de chaque année. Ils faisaient station, en allant, à la *Chapelle du Pont-à-la- Vieille*(1), et, au retour, à la *chapelle du Haut-Gallion* (2). Mais, en 1727, la procession paroissiale de Saint-Malo cessa d'aller à Brix pour se rendre, le lundi de la Pentecôte, à la chapelle de la Victoire. Cette magnifique procession était composée d'un nombreux clergé, des ordres religieux (3), des confréries (4) et d'une grande affluence de fidèles ; en tête, marchaient les porte-tinterelles manœuvrant avec art des clo-

---

remarquables, en kaolin des Pieux lavé et travaillé aux Cordeliers en 1806 par Moreau, de Valognes. — Depuis 1868, l'enclos des Cordeliers appartient au monastère de N.-D. de *Charité du Refuge*.

— (1) Sur l'origine de cette chapelle qui appartient aujourd'hui à M. Hilaire Hamelin, maire de Saint-Vaast, voir l'art. de J. L. Couppey, dans l'annuaire de la Manche, année 1841, p. 175.

— (2) Cette belle ferme appartient aujourd'hui à Mlle *Hélène Lemoigne*, de Négreville. — Il existe un *acte de février 1279* par lequel Jehan Wimont donne aux Religieux de Sainte-Marie du Vœu à Cherbourg « *terram in Alto Galione* ad vicum personæ de Valoniis » - acte latin et en parchemin - communiqué à Mangon du Houguet par Th. Virey esc', sieur du Gravier.

— (3) C'étaient : les *Cordeliers* (1477-1792) ; les *Capucins* dont le couvent, fondé en 1630, fut vendu pendant la Révolution comme bien national et occupé par une fabrique de draps. Il est habité, depuis 1807, par des *Religieuses Bénédictines*. Leur ancienne abbaye de N.-D. de Protection est devenue l'hôpital.

— (4) *Confréries* du *St-Sacrement*, fondée dès 1329; du *St-Sépulchre* (1532).—*Corporations* des *médecins* (S. Cosme et S. Damien)—*marchands* (S. François) —*meuniers* (S. Adrien),— *tanneurs* (S. Eutrope) — *jardiniers* (S. Fiacre).

chettes dont le joyeux carillon se mêlait aux chants sacrés.

Assemblée   Petit à petit, les pélerins prirent à la sortie de la chapelle des rafraîchissements, des collations ; plus tard, suivirent les distractions et les jeux : le pélerinage devint une véritable fête locale. A la Révolution, la procession fut abolie ; mais, l'assemblée continua toujours de se tenir dans un champ voisin de la chapelle qui est encore connu sous le nom de « Clos de l'assemblée de la Victoire ». Depuis 1880, la fête a été transférée un peu plus loin, sur le bord de la route de Paris à Cherbourg. Le dimanche de la Pentecôte, c'est le rendez-vous d'une partie de Valognes et des environs. « Nous avons tous vu, dit M. Fagart, ces longues files de promeneurs allant et venant avec gaieté sur les gazons verts au milieu des pommiers en fleurs. Ici, ce sont des magasins improvisés où le pauvre imite le luxe du riche, où un sou fait un heureux ; là, des cercles agricoles où l'homme des champs et l'ouvrier devisent de la paix, de la récolte et du soleil en savourant la douce liqueur de Normandie (1). » A cette fête purement profane, il ne

---

(1) Cf. Mém. de la Soc. arch., art., littér et sc. de l'arr. de Valognes, tome III, page 123.

— Notons une coutume ancienne extrêmement utile pour le bien des âmes et dont on ne saurait trop regretter l'abolition : « M. Anceau, pieux et aimable vieillard (dont le fils prêtre est enterré dans le cimetière d'Alleaume), racontait, vers 1845, que, avant la Révolution, le *jour de sa première communion, selon l'usage*, il alla en *procession* avec les autres enfants de l'église

manque que le caractère religieux qu'elle avait dans le principe. Espérons que la Sainte Vierge e lui rendra : *Notre-Dame* saura bien remporter :ette *victoire !*

Nous savons déjà que les pieux habitants l'Alleaume ne se contentèrent pas de venir de emps en temps en procession rendre leurs hom· nages à Marie dans sa chapelle : ils voulurent en outre y faire célébrer souvent le saint sacrifice le la messe C'est ainsi que, en 1646, Jacques Le Bourgeois « fonda en la chapelle de la Victoire, oour le 7 octobre, l'*office de Notre Dame de la Victoire*, premières et secondes vêpres. matines et laudes et la messe haute à diacre et à soub- liacre. » En 1647, Samson, sieur du Gravier, y 'onda une messe basse en l'honneur de la Sainte Vierge *pour tous les samedis de l'année.* D'autres y fondèrent, ainsi que nous l'avons vu, des *nesses de N.-D. du Mont-Carmel, de N.-D. des* Neiges, du Saint-Esprit, du Saint-Sacrement, de Saint-Fiacre, de Saint-François de Sales, de Sainte-Agnès, de Sainte-Barbe, une messe matu- .inale pour tous les jours de l'année, l'office :anonial de Saint-Joseph, etc. Il y avait, dans :ette chapelle, un *autel privilégié*; car, en 1661, Françoise de Fontaines « fonda une messe basse les défunts à l'autel privilégié de ladite cha- oelle.» Parmi ces diverses fondations de services

4° Services re- ligieux.

a. — Office de Notre-Dame de la Victoire

---

paroissiale à la chapelle de N.-D. de la Victoire pour s'· con- sacrer à la Sainte Vierge. (Communiqué par M. l'abbé H. Rouxel d'Alleaume, p. s. s. professeur au grand séminaire de Montréal, — Canada.)

b. — Office du saint Cœur de Marie.

religieux il en est deux qu'il importe de remar-
quer. C'est la fondation d'une messe, le *premier
vendredi de chaque mois*, et, le jour de la fête du
Cœur de la Sainte-Vierge. On sait que c'est au
vénérable Père Eudes que revient la gloire d'avoir
été le premier apôtre de la dévotion aux Saints
Cœurs de Jésus et Marie (1), puisque les révéla-
tions du Sacré-Cœur à la bienheureuse Margue-
rite-Marie ne datent que de 1673, tandis que « dez
le 26 octobre 1643, c'est-à-dire, sept mois après
qu'il eût jeté les fondemment de sa Congrégation, il
écrivit une lettre à M. Mannoury dans laquelle il
luy marquait quand et de quelle manière il fallait
réciter la salutation au Très-Saint-Cœur et luy
indiquoit aussi deux fêtes qu'il falloit célébrer
tous les ans en l'honneur des Sacrez Cœurs de
Jésus et Marie, de ces deux Cœurs qui n'en font
qu'un moralement (2). »

Il semble résulter d'une fondation faite par
Mᵉ Isaac Josda (3), que le R. P. Eudes établit cette
dévotion à Saint-Sauveur-le-Vicomte, à la fin
d'une mission qu'il y prêcha, en cette même année
1643. Il dut faire de même, à la suite des missions
qu'il donna à N.-D. d'Alleaume; car, dès l'année

---

(1) Cf — La vénérable Jean Eudes, premier apôtre des sacrés
cœurs de Jésus et Marie, par le R. P. A. Le Doré, 1870.

(2) Cf. — Vie du R. P. Jean Eudes, par le P. Julien Martine,
eudiste, m. ss publié par l'abbé Le Cointe, tom. II, p. 406. —
Cf. Panégyrique du R. P. Eudes, par Mgʳ Besson, évêque de Nîmes

(3) Cf. Archives de l'évêché de Coutances et de la paroisse de
Saint-Sauveur-le-Vicomte.

1652, Jean Gallot fonda 12 messes basses pour y être célébrées *le premier vendredi de chaque mois* ; et, le 21 février *1660*, Madelaine et Marie Capelle fondèrent la messe de la fête du Cœur de Marie pour être célébrée le 8 février dans la chapelle de N.-D. de la Victoire. (1)

On peut approximativement juger du nombre des messes qui étaient célébrées chaque année, dans la chapelle de N.-D. de la Victoire, par le simple énoncé de quelques-unes des rentes créées pour l'entretien du *pain et du vin*. Ainsi, dans une fondation faite en 1707, par M. Piquod de Russy, curé d'Alleaume, il est question de *200 livres* de rente annuelle payable à la St-Michel, par le sieur Blainville de Pierrepont, à la chapelle de la Victoire, pour l'entretien du pain et du vin. En outre, à propos « d'une rente de 65 livres cons-

---

(¹) La célébration de cette fête du Saint Cœur de Marie fut autorisée par Mgʳ Servien, évêque de Bayeux, le 17 janvier *1659*. Déjà, elle avait été célébrée, en septembre *1655*, dans la Chapelle du lycée de Coutances, dite chapelle des Sacrés-Cœurs de Jésus et Marie ; en *1648*, à Autun, d'une manière exceptionnelle ; et, en *1643*, à Saint-Sauveur-le-Vicomte.— La célébration de la fête du Sacré-Cœur fut autorisée par acte authentique pour le diocèse de Coutances, le *29 juillet 1670*, par Mgr Loménie de Brienne. Elle fut célébrée, en cette même année 1670, à l'église de l'abbaye royale de Montmartre. Ce ne fut qu'en 1686 que la R. M. Saumaise, supʳᵉ du monastère de la Visitation de Dijon, fut la première de l'ordre à vouloir qu'on célébrât, dans l'église de ce couvent, la fête du Sacré-Cœur.

— Cf. P. Martine, tome 2, p. 35 et 406 ; et, Mgr Legoux, vicaire-général : la dévotion au S. C. de Jésus dans le dioc. de Coutances aux xviiᵉ et xixᵉ siècles, pages 4 et 5, notes.

tituée en hypothèque sur M. de Sainte-Mère-Eglise, Seigneur d'Omonville, le 21 janvier 1748, il est parlé de *plus de 200 livres* de capital provenant du ramortissement fait par les sieurs Gosselin, prêtre,et Lepelletier,greffier,d'une rente fondée pour aider à fournir le pain et le vin, en la chapelle de la Victoire. « Aujourd'hui que le valeur relative de l'argent a diminué de plus de moitié et qu'il se dit encore 3 messes, chaque jour, dans l'église de N.-D. d'Alleaume,la dépense annuelle pour la fourniture du pain et du vin nécessaires au culte, s'élève à peine à la somme de 120 fr. — Il vrai que nous ne connaissons pas toutes les fondations faites dans ce but en faveur de la chapelle de N.-D. de la Victoire; mais, nous nous en savons assez pour pouvoir conclure légitimement qu'il s'y disait *au moins plusieurs messes par jour, en certaines saisons de l'année.* » (1)

---

(1) Les registres des actes de mariage d'Alleaume, déposés au greffe du tribunal de Valognes, nous apprennent que, le 19 octobre 1773, « M. Pierre Dussaulx, vicaire de la paroisse d'Alleaume, *fiança* et *maria* Hyacinthe Jouenne et Louise Dingouville, en la *Chapelle de Notre-Dame des Victoires*, située en ladite paroisse d'Alleaume. » — De même, le 19 juillet 1729, Mᵉ Jⁿ-Bᵗᵉ Avice, prestre, *maria* Mayeul Avice et Madelaine Bosquet, de Tamerville, dans la *Chapelle de N.-D. de la Victoire*, à Alleaume, avec la permission de M. l'abbé de Russy, curé de ladite paroisse d'Alleaume, accordée par M. Ferey, prestre vicaire dudit lieu, en l'absence du sieur curé, et, avec l'agrément de M. Caubrière,chapelain de ladite Chapelle de N.-D. de la Victoire, comme aussi, avec la permission de M. le curé de Tamerville, accordée par le vicaire de ladite paroisse, en l'absence dudit sieur curé. »

Cela s'explique, du reste, aisément. En 1758, il y avait à Alleaume 14 prêtres obitiers, sans compter les simples clercs (1). L'un d'entre eux avait le titre de *chapelain ou recteur de la Victoire.* Sur une rente « de 65 livres fondée en 1748, les prêtres obitiers avaient 49 livres, 17 sols et le chapelain de la Victoire, 15 livres, 3 sols. » Il habitait dans la maison attenant à la propriété de M. l'abbé Lenjalley ; elle porte encore le nom d'*ancien presbytère*. Jean Carrey la donna, en 1663, avec la pièce de la Victoire, à charge d'une messe basse des défunts, tous les lundis; et, tous les samedis, de Beata, avec libera, De profundis et oraisons sur la sépulture du fondateur.

6° — Chapelain

« De diverses procédures, il appert que mondit sieur curé d'Alleaume était, par son titre même de curé, *titulaire* de ladite Chapelle et qu'il y pouvait mettre tel desservant, même étranger, qu'il jugeait à propos. » En d'autres termes, dans tous les temps, la Chapelle de N.-D. de la Victoire fut une annexe du bénéfice-cure d'Alleaume. Dans plusieurs fondations, en effet, il est question du droit de Chapelle du curé. Dans le procès-verbal de la nomination de Jean Poirier comme trésorier de la fabrique, en 1771, il est dit qu'il « aura soin de faire le recouvrement des

7° Nature de la chapelle : Annexe du bénéfice - cure d'Alleaume.

Preuves.

---

(1) D'après une sentence de 1602, il y avait alors *20 prêtres* à Alleaume; il y en avait encore 7 attachés à l'église comme obitiers en 1812. Une fondation du 10 décembre 1609, faite par M⁼ J⁼ Vauvray, mentionne *six chapelains*. — M. l'abbé Allix, dernier chapelain de N.-D. de la Victoire, fut exilé à Aurigny, en 1793.

questes, rentes et fondations de cette église, *Chapelle des Victoires et annexe* (1). »

Dès le XIIIe siècle, époque à laquelle fut rédigé « le livre noir, » la Chapelle du Castelley, dite depuis de la Victoire, était une annexe du fief du curé d'Alleaume, et le chapelain n'en était que l'administrateur, ou desservant, sous les ordres du curé qui en était le vrai titulaire et en jouissait, tant au spirituel qu'au temporel.

a. Transaction de 1743.

Cette vérité est nettement exprimée dans une transaction passée « l'an 1743, le lundi après midi, 16e jour de décembre, à Vallognes, entre nobles et discrètes personnes Me Jean-Pierre Caubrière, prestre, et Me Charles-François Pigache, prestre, curé d'Alleaume, lesquels par la médiation de M. le marquis de Montaigu, lieutenant de nos seigneurs les maréchaux de France, commandant pour le Roy à la Hogue et forts en dépendant, ont transigé et apointé en la forme et manière cy-après, sçavoire que ledit sieur Caubrière, après avoir pris communication des *titres qui établissent incontestablement en faveur dudit sieur curé qu'il est titulaire de la Chapelle*

(1) Le 20 septembre 1772, on ôta de la charge de trésorier confiée à Jean Auvray, laboureur, « les rentes revenantes au sieur chapelain de la Victoire. » C'est, sans doute, ce qui explique le sens de ces mots que nous lisons dans un pouillé du XVIIIe siècle : « La Chapelle de la Victoire, dans Alleaume, autrefois appelée du Câtelet, est unie à l'église paroissiale. Il n'y a aucun revenu attaché à cette chapelle. » — Communiqué par M. Fr. Dolbet, archiviste du département de la Manche.

anciennement appelez du Castelley, à présent de
de la *Victoire*, située en ladite paroisse d'Alleaume, comme une *annexe* de son bénéfice-
cure de ladite paroisse, et, avoir ledit sieur Caubrière reconnu, de bonne foy, qu'il n'en a aucun
titre, n'en ayant été jusqu'à présent que l'administrateur ou desservant, sous les ordres de feu
M. l'abbé de Russy, dernier curé et titulaire
d'icelle, s'est départi de l'effet de ladite sentence
cy-devant dattez, laquelle demeure comme non
advenue ; et, a consenty que ledit sieur abbé
Pigache jouisse de ladite Chapelle, tant au spirituel que temporel, comme une *annexe* de son dit
bénéfice-cure, suivant ses titres et anciennes
possessions, lesquels *titres* sont, entr'autres, une
sentence rendue au baillage de Vallognes sur la
poursuite de messieurs les gens du Roy contre
une sieur Philippe Virey, alors curé de ladite
paroisse et titulaire de ladite Chapelle, comme
annexe de son dit bénéfice, le 19 juillet 1602,
deubment signée et scellée, relative à une autre
sentence dudit siège, du 20 septembre 1581. » La
sentence de 1602, « confirmée par un arrest du
Parlement de cette province, du 29 juillet 1603, »
condamnait le sieur Philippe Virey, curé d'Alleaume, à entretenir la Chapelle de N.-D. de la
Victoire, alors dite du Castelley, à y faire faire
l'aspersion de l'eau bénite et célébrer une messe
à 7 heures, en été, et à 8 heures, en hiver, les
dimanches et les jours de fêtes. Les pièces origi-
nales de ce procès si intéressant pour l'histoire de
la Chapelle de la Victoire sont probablement à

jamais perdues, ainsi que les nombreux documents qui composaient les archives de l'église
d'Alleaume. Nous avons eu le bonheur d'en
retrouver une copie dans un manuscrit de Mangon du Houguet, conservé à la Bibliothèque
Sainte-Geneviève, à Paris. (1) Voici le résumé de
cette pièce curieuse qui ne compte pas moins
d'une trentaine de pages d'écriture compacte.

b .**Sentence de**
1602.

« L'an 1602,le vendredy 19 juillet,à Vallongnes,
devant Arthur du Moustier, Jean *Langloys*, bourgeois, marchand en ce lieu,voulut faire condam-
ner M. *Philippes Virey*, prestre, curé d'Alleaume,
à faire les réparations requises et nécessaires en
la Chapelle du Castelley, dépendant de ladite
cure et bénéfice de Sainte Marye d'Alleaume et
à dire ou faire dire la saincte messe et divin
service aux jours et heures accoutumez et selon
qu'il a esté cy devant usagé par les prédécesseurs curés et vicaires dudit lieu, de tout temps
immémorial, institution et fondation de ladite
Chapelle et encore aux ans et années dernières. »
— Le sieur curé se défend, assisté de Mᵉ Pierre
Lepelletier, son advocat.

Le procureur du Roy, défendant Langloys,
cite *un bail à ferme* du revenu annuel et
casuel dudit bénéfice, portant date du 11 octobre 1570, « fait par deff. Mᵉ Nicolle Hallot,
prêtre, stipulant pour vénérable et discrepte personne Mᵉ Bertin Mangon, de Brix, prestre, archi

----

(1) Ce précieux manuscrit in-4ᵉ contient 277 feuillets ou environ (L. fr. 37. 2). Les extraits que nous citons nous ont été
gracieusement communiqués par M. A. Leduc.

diacre du Cotentin, et alors, curé dudit bénéfice d'Alleaume, à MM^{es} François du Val et Guillaume Brisset, prestres de la paroisse d'Alleaume, par lequel lesdits preneurs estoient chargés d'acquitter et décharger ledit sieur bailleur du service qu'il estoit tenu de faire à cause dudit bénéfice, ensemble d'entretenir, en bonne et suffisante réparation, ladite Chapelle du Castelley. En conséquence, les dimanches et fêtes, lesdits preneurs disoient ou faisoient dire la messe, faisoient eau béniste, et, par charité et dévotion, le pain bénist pour ceux qui assistaient; item, réparations durant le bail ; ensuite, le curé fut condamné à les faire, *par sentence* donnée aux assises de Valognes, du 20 septembre 1581. »

— Le sieur curé s'étonne de ces prétentions dudit Langlois qui, loin de demeurer au Casteller, réside fort près de l'église de Valognes « où il a moyen d'assister, quand il veut sans se travailler tant comme il fait, à faire célébrer messe et eau béniste au jour du dimanche en ladite Chapelle. »

« Il ne voudrait certes pas empescher si quelques-uns meus de piété et dévotion vouloient y entendre la messe, comme autrefois on a fait; mais de vouloir y assujetir ledit sieur curé d'Alleaume, il soustient qu'il n'y aurait apparence. Il nie l'existence du bail et de la sentence. Supposé qu'ainsi seraient telles choses, elles ne pourraient avoir de valeur, pour ce qu'elles contreviennent directement à la disposition des S. S. Conciles, et, spécialement au concile national, conformément au concile de Trente, qui prohibent, par exprès, qu'aux jours de dimanche, il se face et célèbre ny service ny eaux bénites en autres lieux et endroits que aux églises parochiales. »

Pour ce qui est de la réparation, il n'y est pas tenu; car, — 1°, la Chapelle n'est pas dépendante comme membre de ladite église d'Alleaume; — 2°, ce n'est même pas le curé qui est tenu à réparer l'église; mais, les paroissiens, la nef; et, le patron, le chœur; — 3°, ces réparations retomberaient sur ses prédécesseurs, « vu qu'il n'y a pas encore an et jour qu'il est pourveu du bénéfice. »

— Le procureur proteste de son attachement et dévouement à l'Eglise. Il trouve fort étrange l'excuse dont ledit sieur curé pense se couvrir *comme d'un sac mouillé*. Il lui démontre qu'il est obligé de réparer la Chapelle: — 1°, par la citation d'une ordonnance du pape Urbain III; — 2°, par un texte de Saint Bernard; — 3°, par l'exemple de ses prédécesseurs. Les baux existent et témoignent du zèle des anciens curés. « Du reste, ne pas réparer la Chapelle et ne pas y dire de messe le dimanche, serait contraindre beaucoup de vieilles gens pour leur impuissance à venir chercher, d'une lieue françoise, comme est la distance de la Borderie et lieux adjacents jusques à l'église paroissiale, qui est interposée de mauvais chemins et d'une rivière dont, pour n'estre accommodée de ponts et chaussées, la traversée les incommode infiniment et principalement aux rigueurs de l'hyver : pour lesquels costés, a été d'ancien-

neté ladite chapelle instituée et le service divin
continué. Quand ladite Chapelle ne serait pas en
essence, comme, Dieu mercy, nos prédécesseurs
l'ont instituée, il la failleroit de nécessité réédifier,
a fortiori, réparer et continuer le divin service qui
est chose de peu de coust; — 4°, il est faux qu'on
ne puisse pas célébrer l'office en autre lieu que
l'église paroissiale; autrement, tous les autres
lieux saints seraient inutiles. »

—Le sieur curé, après avoir discuté longuement
plusieurs textes du droit, conclut qu'il n'est pas
tenu à la réparation, seul; car : 1°, la Chapelle du
Castelley n'est pas église paroissiale, et 2°, dans ce
cas même, il ne serait tenu qu'à contribuer à la
réparation. Son argumentation manque de clarté.
De plus, — 1°, il prétend qu'il n'a encore « du tout
rien perçu du revenu de ladite Chapelle, tant
s'en fault : l'annate et le déport estant encore
durans, il est injuste qu'il soit à la menée et
appétit de quelques malveillans, réduit au point
de restaurer et rétablir les ruines qui pourraient
estre de longtemps contractées, en ladite chapelle,
par la longue négligence et le mauvais mesnage
des précédens Curez. Du reste, la Chapelle n'a
pas été faicte pour la commodité, mais, plutôt
l'église d'Alleaume, pour l'incommodité que
reçoivent les paroissiens d'aller à la messe à
ladite Chapelle, *l'une estant plus vieille et plus
ancienne que l'autre*, et s'il est ainsi que ceux de
de la Borderye fussent quelque peu incommodés
de venir en hyver à l'église d'Alleaume, ceux de
Beaumont et autre lieux plus éloignés, seraient,

sans comparaison, plus vexés et oppressés, d'aller à ladite Chapelle. » — 2° Ceux pour la commodité desquels elle a été édifiée doivent l'entretenir ; — 3° il ne perçoit pas toute la gerbe ; il ne peut donc estre tenu que pour sa quotte part ; — 4° il n'est pas tenu d'y faire le service divin, d'après le droit, (nombreux textes latins tronqués).

— Le procureur répond : — 1°, La Chapelle est située « intra terminos de son territoire » où il perçoit le revenu et les dixmes tant prœdiales que personnelles ; d'après le concile, elles sont destinées à l'entretien des églises. Comme ses prédécesseurs, « il a seul la charge de gouverneur de cet oratoire qui a esté *premier institué que l'église paroissiale* ; — 2°, Si ceux pour la commodité desquels elle a esté en partie instituée la vouloient abandonner, ce ne serait pas une raison pour qu'elle fust ruinée ; »—3°, Toujours, on s'est adressé à lui comme estant le présomptif usufruitier, commun et général recteur de ce bénéfice ; — 4°, Pour ce qui est du service divin, il est tenu de le célébrer, ou au moins, de le faire célébrer par d'autres prêtres, et il le peut, puisque « les curez sont tenus d'entretenir, pour le moins, deux prebtres pour ayder à desservir leur bénéfice, (texte latin de 15 lignes) ; et, lui étant compétemment riche et pourvu de bon nombre de prebtres, comme il y en a plus de *vingt*, en l'une et l'autre portion de cette paroisse, il sera donc décent, voire nécessaire, d'y continuer le service divin, le saint dimanche. »

— « Sur quoy, parties ouyes, par l'advis uniforme
de l'assistance, sçavoir est : maistre Robert Le
Febvre, escuier, sieur de la Febvrerie, conseiller
et juge assesseur en la vicomté de Vallognes,
Pierre Laillier, escuier, lieutenant général de
M. le Bailly d'Alençon en Costentin, Jacques
Jullien, sieur d'Arpentigny, vicomte d'Alençon
en Costentin, Jean de la Grange, Hébert le
Cappon, Jean Gripp, Hélye Ogier, sieur de la
Haulle, Jean Pergeaulx, Robert Poisson, escuier,
Jean Diesnis, Jean Lemaistre, Gilles Lelouey, sieur
de la Chappelle et Michel Lepelletier advocat, et
par le record et attestation qui nous a ésté par eux
fait, comme le service divin a ésté de tout temps
immémorial fait et célébré en ladite Chapelle du
Castelley, par tous les prédécesseurs curez d'Alleaume; et, après que ledit sieur curé, de ce inter-
pellé, n'a voulu insister à sa garantie, et, sans
préjudice d'icelle, et après avoir fait lecture
des baulx des précédens curéz par lesquels principalement ils donnaient charge à
leurs fermiers et locataires de l'entretien de
ladite Chapelle, comme aussi de ladite sentence
de justice donnée par semblable occurrence que
la présente instance pour la célébration du divin
service, au saint dimanche, en datte du 20 septembre 1581, — Nous avons, suivant ce, et de la
conclusion du sieur procureur du Roy, condamné
provisoirement ledit sieur curé d'Alleaume,
comme titulaire de ladite Chapelle et soulz sa
charge et gouvernement, à faire dire et célébrer
une messe chacun dimanche de la sepmaine,

sçavoir, d'empuis Pasques jusques à la St-Michel,
à 7 heures du matin, et, d'empuis la St-Michel
jusques à Pasques, à 8 heures ; comme aussi,
avons iceluy sieur curé d'Alleaume, condamné à
la réparation et entretien de ladite Chapelle, et ce,
dans le mois ; autrement, seront bannies à ses
despens, — et, donné en mandement à chacun des
sergens dudit Bailliage, ce présent exécuter.
Fait comme dessus ; — Signé : du Moustier, Le
Febvre, de la Grange, etc., scellé le 27 nov.
1602. — Le sieur Virey en appela au Roi qui le
condamna également le 29 juillet 1603. —
Originaux remis à M. Jean-Guillaume Picod,
escuier, curé d'Alleaume, ce 2 septembre 1703,
comme à lui appartenant. »

Cette sentence, si curieuse au point de vue de
l'argumentation et du mode de procédure,
confirme admirablement tout ce qui a été dit
jusqu'ici sur l'*origine*, le *nom* et la *nature* de
la Chapelle de N.-D. de la Victoire : elle nous
indique, à diverses reprises que cette chapelle
est plus ancienne que l'église paroissiale, —
qu'elle s'appelait alors (1602) Chapelle du Castelley
et non pas encore de la Victoire, — et, qu'elle était
une annexe du bénéfice-cure de Sainte-Marie d'Alleaume.

8° Indulgences et autel privilégié. Cette chapelle avait été gratifiée, par les Sou-
verains Pontifes, de *nombreuses indulgences*
accordées à ceux qui y venaient honorer la
Sainte Vierge (1). Nous avons déjà vu qu'elle

───────────

(1) Le registre de 1758 signale « plusieurs anciens brefs d'indulgences, nuls aujourd'hui. » p. 75.

avait un *autel privilégié*. Des âmes pieuses pourvoyaient à son *entretien* et à son *ornementation*. Par testament passé à Valognes, le 3 août 1651, Jean Carrey donna « 4 livres, 3 sous, pour l'entretien et décoration de ladite chapelle.» Une lettre du mois de mai 1743, de Mlle d'Héroudeville à M. de Sainte-Honorine, nous apprend qu'elle payait 10 livres de rente annuelle pour la décoration de la Chapelle de N.-D. de la Victoire.

9° Décoration de la Chapelle

On y vénérait un *fragment de la vraie Croix*. Nous en avons la preuve dans une supplique adressée par M. Piquenot à Mgr Auvry, évêque de Coutances. Nous la donnons à cause de la piété tendre qu'elle respire : — « A Monseigneur l'illustrissime et révérendissime éuesque de Constances — supplie humblement Nicolas Piquenot, prestre, bachelier en théologie, sieur et curé d'Alleaume, et, vous remonstre que le R. Père Thomas de Valongnes, prédicateur capucin, son frère, luy a fait présent d'un morceau et fragment notable de la vraye Croix sur laquelle le Sauveur du monde estant mort a satisfait à la justice de Dieu son père pour les péchez des hommes. — Ce considéré, Monseigneur, et, ainsiqu'il vous paroist par les attestations cy attachez que ledit fragment est probablement de la vraye Croix et la moitié de celuy que ledit père Thomas a cy-devant donné à l'église Saint-Malo de Vallongnes, il vous plaise permettre au suppliant d'exposer ladicte relique publiquement en vénération pour la gloire de Dieu et l'honneur de la Saincte Croix, tant en l'église dudit lieu d'Alleaume qu'en la

10°. Vraie Croix.

Chapelle de Notre-Dame de la Victoire y
annexée, et vous l'obligerez par augmentation à
prier pour vostre prospérité et santé. — Signé,
Piquenot.

« Veu, par Nous soubssigné, docteur en Sor-
bonne et vicaire général de Monseigneur l'illus-
trisssime et revérendissime éuesque de Constances, la présente requeste avec les pièces y
attachées faisant foy que le morceau de bois y
mentionné est de la vraye Croix où notre-Seigneur est mort pour l'expiation des péchés des
hommes; désirant que tout le peuple rende tous
les respects, honneurs et vénération deües à un
bois si adorable, avons permis de l'exposer à la
vénération des fidèles chrestiens, après néanmoins qu'il aura esté enchassé, selon sa dignité
et mérite, à ce que le tout soit pour la plus
grande gloire de Celuy auquel il a servi d'instru-
ment de notre Rédemption. Donné à Constances,
le 19ᵉ jour de mars 1653 — signé, Bazire; — par
commandement de mondit sieur le vicaire général, J. Godard. »

11ᵉ Argenterie.   Le mobilier de la Chapelle de la Victoire devait
être assez riche, car dans un acte du 21 janvier
1762, il est parlé de « *plus de 200 livres* faisant
le *quart* de *l'argenterie* provenant de la susdite
chapelle, donnée dans les besoins de l'Etat, en
1760, en vertu d'une ordonnance (1) du seigneur

---

(1) Voici la copie de cette ordonnance épiscopale :

« Etat de l'argenterie de la paroisse d'Alleaume, suivant le
mémoire envoyé à M. le Controlleur général par M. l'Evêque de

évesque pour porter au change *partie* de l'argenterie de la Victoire. Les trois autres quarts sont encore deüs par le Roy. »

En conséquence, « le Dimanche neuf^e jour de Mars, Mil Sept Cent Soixante, s'assemblèrent au son de la cloche, à l'issue de la Messe paroissialle de Notre-Dame d'Alleaume, les Prêtres, Gentilshommes, Communs et habitants possédants fonds, de la susdite Paroisse, en la présence de Monsieur le Curé et de sa réquisition, après y avoir été invités par des annonces particulières et générales faites au Prône pour des affaires concernant la fabrique et Trésor, et spéciallement à l'occasion d'une lettre de Monseigneur de Coutances en datte du 29 février, qui ordonnait d'envoyer au change de cette ville *deux lampes* et *deux figures d'enfans*, le tout d'*argent*, dit EX VOTO, tant pour l'Eglise paroissialle que pour la *Chapelle de Notre-Dame des Victoires*. Comme il se trouve aux deux susdits Temples quatre lampes, il fut convenu d'une voix unanime d'envoyer, avec les deux figures, les deux plus petites lampes, sauf à ladite Eglise paroissialle à faire raison à la susdite Chapelle, soit en luy remettant la lampe qui luy servoit cy-devant, soit en luy faisant l'argent qui en sera payé par le Roy et la rente du résidu et surplus, soit de

---

Coutances au mois de février 1760 : une lampe. — La Chapelle *de la Victoire*, en ladite paroisse : une *lampe* et deux *figures d'enfants* qui sont des *ex-voto*, que ladite paroisse fera porter au plus tôt au Change, à Valognes. — A Coutances, le 29 février 1760. — † J. Evêque de Coutances.

toute autre manière, au choix de ladite Chapelle :
le tout pour la *plus grande gloire de Dieu et
de sa bien-aimée et honorée Mère.* »

———— ∂ ————

IV. — RÉVOLUTION

L a Chapelle, ainsi dépouillée à l'occasion de la désastreuse guerre de sept
ans, allait bientôt subir une ruine
presque totale. Les mauvais jours
étaient proches : la Révolution mit en vente,
1° Chapelle fermée. comme bien national, le vénéré sanctuaire de
Notre-Dame de la Victoire. Il fut livré à un
usage profane et il attend encore qu'une main
généreuse le restaure et le rende au culte de la
Sainte Vierge. Par bonheur, l'impiété furieuse et
aveugle de ces temps de haine et de perturbation
2°.— a. Statue cachée générale, respecta la *statue* de Notre-Dame de
la Victoire. Ce fut un sectaire, nommé Letourmy, et
menuisier dans la rue de Poterie, qui la cacha pendant trois ou quatre ans, dans son grenier, suivant
les uns, et, suivant les autres, dans la partie Sud-Est
du petit *cimetière* qui entoure la Chapelle. Aussi-
tôt que le calme, et ce qu'on appela depuis « la petite
paix, » eurent succédé à la terrible tempête qui
fit fermer et dévaster nos églises et fit couler le
sang de plus de 12,000 innocentes victimes, on
s'empressa d'exhumer cette statue miraculeuse.
Les anciens racontent qu'on voulait la trans-

porter à Saint-Malo de Valognes, d'autres même disent, à N.-D. de Brix (1); mais, il fallut abandonner ce dessein.

b. — Statue transportée à Notre-Dame d'Alleaume

Par un ensemble de circonstances, la Providence sembla manifester clairement que la place de la statue de N.-D. de la Victoire était dans l'église de N.-D. d'Alleaume, en attendant qu'elle pût un jour rentrer dans son antique chapelle, où, pendant des siècles, elle avait aimé à exaucer les prières de ses enfants et à justifier son titre de Reine de la Victoire. On plaça la statue dans la chapelle située du côté de l'épitre (2). Plus tard, on l'ôta pour la remplacer par une statue de l'Immaculée Conception donnée par Mlle Dupoirier de Portbail, et on l'a mit dans la chapelle des

---

(1) Peut-être confond-on cette translation avec celle des Reliques de Saint-Georges, de Portbail à Brix, en 747.—Cf. Spicilegium sive collectio veterum aliquot scriptorum qui in Galliæ bibliothecis delituerant olim editum opera ac studio D. Lucœ d'Achéry, nova editio collecta a V. C. Stephano Baluze ac R. P. D. Edmundo Martene; Parisiis apud Montalent M. DCCXXIII, tom. ii, cap. xvi,—à la Bibliothèque nationale (section C. 621. 2.) — M. Léopold Delisle nous a affirmé que nulle paroisse de la Basse-Normandie ne peut produire un document écrit aussi ancien et aussi authentique que ce récit de la translation des Reliques de Saint-Georges à Brix, au viie siècle.

(2) Dans les registres de catholicité de 1602, déposés au greffe du tribunal civil de Valognes, on signale en même temps, à Alleaume, la *Chapelle Saint-Maur*, la *Chapelle du St-Sacrement* (actuellement de N.-D. des Sept Douleurs), la *chapelle* du *T. S. Rosaire*. Cette dernière existait dès 1630 (fondation B. Bertaud). Elle devait être située du côté de l'épitre, parallèlement à la Chapelle de N.-D. de la Victoire actuelle, qui s'appelait alors: *Chapelle des Cloches*. Au midi, on voit encore deux portes romanes. La

c. Chapelle
de
Notre - Dame -
de-la-Victoire
dans l'église
d'Alleaume

Cloches, à la place de Sainte Marguerite. « Le 1ᵉʳ Dimanche de Janvier 1828, M. A. Thion, président du conseil de la Fabrique de N.-D. d'Alleaume, exposa aux Marguillers le désir de mettre la chapelle Sainte-Marguerite, pour ce qui concerne la

plus curieuse est en dehors du chœur, contre la croisée. Ses zigzags, ses piliers et leurs chapiteaux sont dignes de remarque.

Au dessus de la seconde porte, se voit une pierre encastrée dans le mur que M. du Moncel fait remonter au xiᵉ siècle (Revue archéologique du département de la Manche, année 1843 — chez Adelus-Buchel, Valognes). Elle offre en relief deux hommes assis dans des fauteuils. Un de ces hommes est Saint-Pierre tenant une clef; l'autre, Saint-Jean, jouant avec une colombe. Un agneau portant une croix est aussi figuré en relief grossier sur cette pierre et représente N.-S. J.-C. — (V. fig. 7.)

BAS-RELIEF D'ALLEAUME DU XIᵉ SIÈCLE

Fig. 7

La clef de la voûte de cette partie de la croisée est décorée d'un agneau à peu près semblable. — Cf. De Gerville, notes sur

décoration, en rapport avec le principal autel du sanctuaire et la chapelle du Saint-Sacrement, nouvellement réparée; à cet effet, faire construire un autel plus convenable que l'ancien, au milieu duquel serait placée *l'ancienne statue dédiée à la Sainte-Vierge sous l'invocation de Notre-Dame-des Victoires, qui, depuis des siècles* (1), est, et sera toujours, un objet de pieuse vénération pour les fidèles qui offrent, pour la plupart, d'aider, par des offrandes volontaires, la Fabrique à fournir les frais de cette dépense. »

Après avoir délibéré sur cette proposition, «pour la satisfaction des fidèles et pour favoriser leur pieux dessein d'aider la Fabrique à subvenir aux frais de la dépense pour la construction d'un autel dans la chapelle qui portera dans la suite le nom de *chapelle de Notre-Dame-des-Victoires*,

---

les églises du département — 10 novembre 1818. — (Communiqué par M. F. Dolbet, archiviste du département. — « Chœur de N.-D. d'Alleaume et partie de la croisée (transsept),à fenêtres bipartites, à meneau fourché (xiiie s.), voûtes du xve siècle. — nef presque toute du xviiie s. ainsi que la tour, la sacristie et le portail » — ibid.

(1) Cette statue semble remonter au XIIe s. comme la chapelle. Elle est en pierre de Valognes et ne pèse pas moins de 200 kilos. Les amateurs admirent, dans cette statue, les plis du manteau, les mains, le front, et, surtout, l'expression de pureté et de douceur virginale qui rayonne sur ce visage auguste. (Cf. fig. 8.)

On voit encore à l'entrée de la Bibliothèque publique de Valognes une vieille statue de Notre-Dame, provenant de la chapelle de N.-D. de la Victoire. Elle est en bois de chêne. La Sainte-Vierge foule aux pieds le démon, et l'enfant Jésus tient en main les palmes de la Victoire. — *(Cf. aussi petit navire en ex-voto.)*

le conseil de Fabrique décida qu'il serait pris sur
les revenus de la Fabrique ordinaires ou casuels,
provisoirement une somme de 150 fr, et autorisa
le trésorier, sous la surveillance de M. le Président du Bureau, à faire faire le travail par éco-
mie et à payer la dépense jusqu'à concurrence
de la somme allouée.» Signèrent: MM. Jean, curé,
Turbert de Thiville, Lecavelier, Pontus, Scelles
et A. Thion. — M. Thion fut remplacé le 1ᵉʳ avril
1839, par M. Lecauf, comme marguiller, et par
M. Turbert, comme président du conseil. Il était
juste qu'il se mit lui-même à la tête de cette mo-
tion en faveur de N.-D. de la Victoire, puisqu'il
était alors propriétaire de l'antique chapelle du Castelley. Cette chapelle est encore en la possession de
ses descendants, et si, comme nous l'espérons et le
demandons ardemment à N.-D. de la Victoire, l'heure approche où il sera donné à cette bonne mère de
rentrer triomphalement dans son temple, d'y
être aimée et vénérée, et d'y manifester, comme
par le passé, sa puissance tutélaire sur toute la
contrée, nous avons l'assurance que ce n'est pas
de la part de l'honorable famille de M. Thion que
ce pieux dessein trouvera de la résistance, mais
bien au contraire, un puissant concours et un
généreux appui.

Que si, du reste, il plaît a N.-D. de la Victoire
de permettre que quelques obstacles se dressent
devant ce projet et s'opposent momentanément
à sa mise à exécution, nous ne doutons point
que ce ne soit uniquement dans le but de se
ménager l'occasion de réaliser, de nouveau, ces

paroles que nous lisons au livre de la Sagesse,(1) et que le V. P. Eudes applique à la Sainte Vierge dans l'office (2) qu'il a dressé en son honneur : « Le Seigneur vous a engagée dans un rude combat pour que vous demeuriez REINE DE LA VICTOIRE. » — « Certamen forte dedit tibi Dominus, ô REGINA, UT VINCERES. »

N.-D. d'Alleaume, p. p. nous.
N.-D. do la Victoire p. p. nous.

(1) Sagesse. Ch. x. v. 12.
(2) 2 rep. du II noct.

STATUE MIRACULEUSE
DE NOTRE-DAME DE LA VICTOIRE
A ALLEAUME

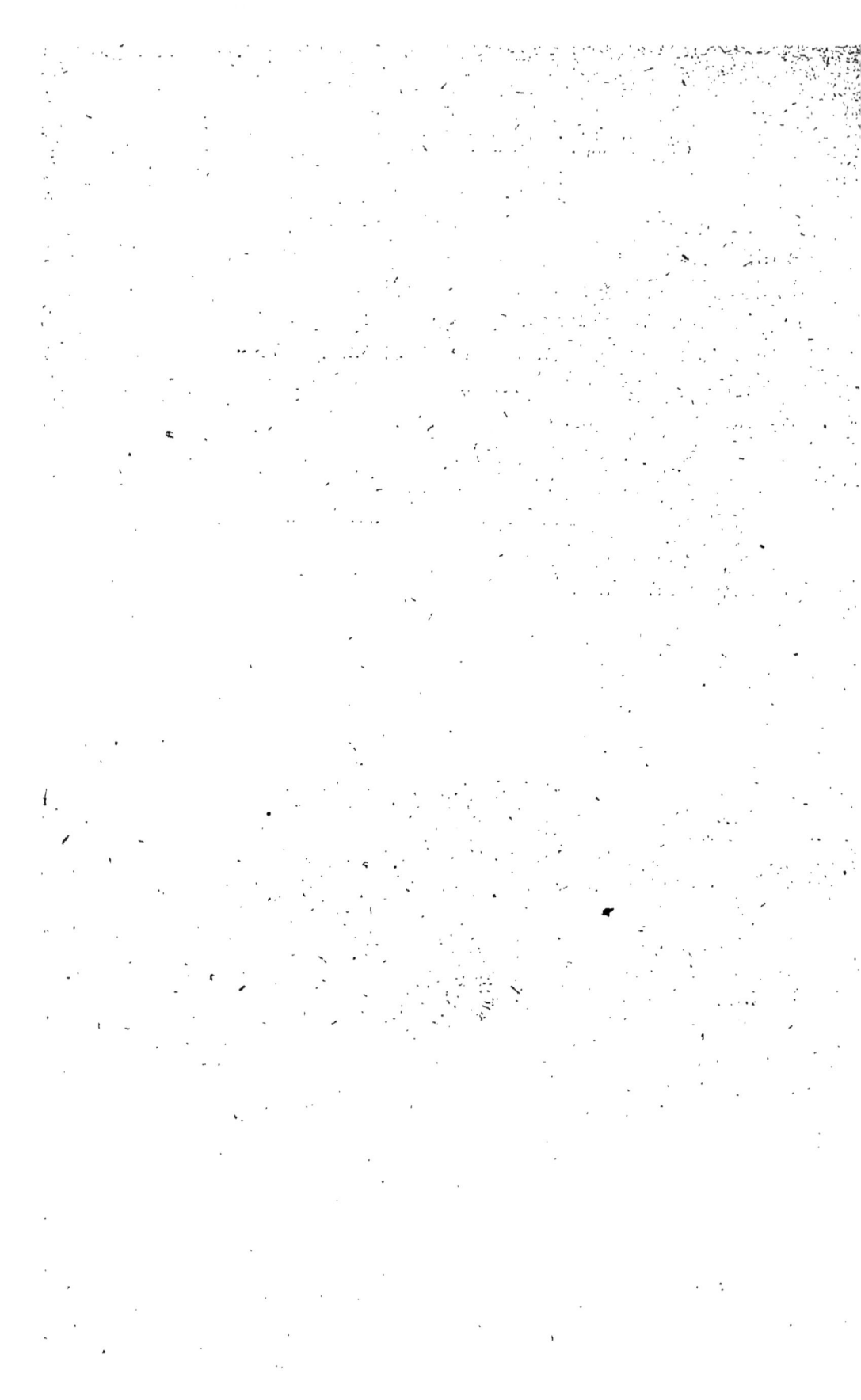

OFFICE

DE NOTRE-DAME-DE-LA-VICTOIRE

Double-majeur

VII OCTOBRE

et office, ainsi que nous l'avons vu, fut fondé dans la Chapelle de N.-D. de la Victoire, dès l'année 1646, par Jacques Le Bourgeois. Il fut « dressé » par le V. P. Eudes. Nous avons eu le bonheur de le retrouver à la bibliothèque de Valognes, dans un ouvrage in-12, imprimé chez M. Poisson, à Caen, et ayant pour titre : « Offices dressez en l'honneur de Notre-Seigneur Jésus-Christ, de sa T.-S. Mère, de Saint Joseph, de Saint Gabriel, des SS. Prestres et Lévites et de plusieurs autres saints, -- disposez selon l'usage du Bréviaire Romain, en faveur des personnes pieuses qui ont dévotion aux mystères et aux saints en l'honneur desquels ils ont été composez. » — La bibliothèque (1) de Valo-

---

(1) Elle renferme plus de 20,000 volumes « dans lesquels on trouve tout ce qu'on peut désirer pour se rendre habile dans la science de l'Ecriture, des Conciles, des Pères de l'Eglise, de la Théologie scolastique et morale, dans la Piété et les Arts libéraux. 2,000 de ces volumes furent donnés par M. de Laillier et 4,000 par M. l'abbé de la Luthumière, de Brix. — Cf. Annales de la Congr. de Jésus et Marie, tom. ii, p. 691.

gnes, fondée le 10 novembre 1719, par Mᵉ Julien de Laillier, curé de Valognes et second
supérieur du Séminaire, est composée en grande
partie d'ouvrages ayant appartenu aux R. P.
Eudistes. Aussi, possède-t-elle 7 exemplaires de
ce recueil d'offices; 4 sont de 1672 ; 1, de 1668 et
2 de 1652. (1) Seul, un exemplaire de 1652 a une
préface « à tous les vrays enfans de Jésus et de
Marie, » dans laquelle le V. P. Eudes donne des
détails sur chacun de ces 24 offices « lesquels, dit-il,
ont été pris *en divers* endroits et mis ensemble
dans ce livre pour la plus grande commodité de
ceux qui voudront en user. » Il n'est donc pas
exact de dire, avec le R. P. Hamon, que tous « ces
offices sont l'œuvre du P. Eudes. » (2)

Pour ce qui est de l'office de N.-D. de la Victoire, le R. P. Le Doré nous affirme qu'il est cer-
tainement l'œuvre du Vénérable.

Voici, avec un essai de traduction littérale, le
texte latin de cet office qui exprime si bien les

---

(1) Le P. Martine ne connaissait pas cette édition de 1652,
quand il écrivait : « Ce fut vers 1603 que le F. Eudes fit impri-
mer ce livre de ses offices particuliers en un petit volume in-12,
et des messes conformes à ces offices, en un petit volume in-4°, »
Cf. vie du P. Eudes, édition Lecointe, t. ii, p. 100. — Il se
trompe au moins de 10 ans. — L'édition de 1652 semble être
l'éd tion *princeps*. Elle renferme déjà l'office du Saint-Cœur de
Marie, approuvé dès le mois de janvier 1648, par plusieurs
docteurs, et, le 12 novembre 1649, par Mgʳ Cl. Auvry, évêque
de Coutances. — Il est à craindre que les messes propres dont
il est ici question ne soient à jamais perdues, à l'exception de
celles du Cœur adorable de Jésus et du Saint Cœur de Marie.

(2) Cf. Vie du R. P. Eudes, par le P. Martine, t. ii, p. 498.

sentiments de piété tendre, d'ardent amour et de confiance sans bornes que nous devons avoir envers Notre-Dame de la Victoire.

OFFICE DE N.-D. DE LA VICTOIRE

AUX I^{res} VÊPRES

ANTIENNES DE LAUDES

Psaumes : 109, Dixit. — 112, Laudate pueri. —
121, Lætatus sum. — 126, Nisi Dominus. — 147
Lauda Jerusalem.

CAPITULE (Prov. XXXI. 10. 11.)

Mulierem fortem quis inveniet? Procul et de ultimis finibus pretium ejus. Confidit in ea cor viri sui : et spoliis non indigebit.

Qui trouvera une femme forte ? Elle est plus précieuse que ce qui s'apporte de l'extrémité du monde. Le cœur de son mari met sa confiance en elle, et il ne manquera point de dépouilles.

Hymne

Reginæ Mundi Prælia,
Trophæa Matris Virginis,
Nostra canant encomia,
Ad summi laudem Numi-
[nis.

O Mater Admirabilis,
Velut Castra fulminibus
Armata, formidabilis
Tartareis cohortibus.

Célébrons dans nos chants les combats de la Reine du monde, les *victoires* de la Vierge Mère, pour la gloire du Seigneur suprême.

O Mère admirable, comme une *armée rangée en bataille*, vous êtes la terreur des légions infernales.

Le péché originel souille les cœurs de tous les enfants ; sur le seuil même de la vie vous broyez ce monstre sous vos pieds.

Vous *triomphez* glorieusement de la chair, du monde et de Satan et vous soumettez à votre puissance la vaste étendue du globe.

Par vous l'Eglise a soumis les Juifs et les Gentils; par vous, elle met en fuite les hérétiques et terrasse tous les monstres.

La terre, la mer et les fleuves sont vos joyeux serviteurs; le feu, l'air et le tonnerre obéissent à vos ordres

O Reine de la *Milice sacrée*, renversez le règne du serpent pour que tous les genoux fléchissent devant le souverain Roi de gloire.

Accordez-nous, O Jésus, la grâce de fouler le diable sous nos pieds, et régnez dans les cœurs de vos enfants, dans les siècles des siécles. Ainsi soit-il.

℣. Une femme juive
℟. A mis la confusion dans la maison du prince des ténèbres.

Tu Monstrum ab origine
Cunctis innatum Menti-
[bus,
In ipso Vitæ limine,
Tuis conculcas pedibus.

Carnem, Mundum, et Sa-
[tanam
Triumphi tui gloriæ,
Et vastam Orbis machi-
[nam
Tuæ fubdis potentiæ.

Per te Judæos, Ethnicos
Debellavit Ecclesia ·
Per te fugat Hæreticos,
Et Monstra vincit omnia.

Terra, pontus, et flumina
Tuo gaudent obsequio :
Ignis, aër, et fulmina
Tuo parent imperio.

O Dux sacræ Militiœ,
Serpentis regnum dissi-
[pa
Ut summo Regi gloriæ
Cuncta flectantur genua.

Præsta, Jesu, sub pedibus
Nostris calcari Zabulum;
Ut in tuorum cordibus
Regnes per omne sæcu-
[lum. Amen.

℣. Una Mulier hebræa
℟. Confusionem fecit in domo Principis tenebrarum (Judith xiv. 16.).

À Magnificat, *Ant.*

*Ant.*Quelle est celle-ci qui s'avance comme l'aurore à son lever, belle comme la lune, brillante comme le soleil, *terrible comme une armée rangée en bataille ?*

Quæ est ista, quæ progreditur quasi aurora consurgens, pulchra ut luna, electa ut sol, terribilis ut castrorum acies ordinata?

Oraison

Seigneur, Dieu tout puissant, qui avez bien voulu conférer à la B. V. Marie, votre mère, le pouvoir incomparable d'écraser la tête de l'antique serpent et de triompher glorieusement de tous vos ennemis ; accordez-nous, s'il vous plaît, par ses prières et son exemple, la grâce de renoncer entièrement au péché, au monde et à nous-mêmes, de nous attacher fermement à vous seul et de fouler promptement Satan sous nos pieds. O vous qui vivez et régnez avec Dieu le Père, en union avec Dieu le Saint-Esprit, dans les siècles des siècles. Ainsi soit il.

Oremus

Domine Deus omnipotens, qui beatissimæ Virgini Mariæ matri tuæ tantam virtutem conferre voluisti, ut caput serpentis antiqui contriverit, ac de omnibus inimicis tuis gloriose triumphaverit : præsta quæsumus, ut ejus precibus et imitatione, peccatum, mundum, et nosmetipsos perfecte abnegantes, tibique soli firmiter adhærentes, Satanam sub pedibus nostris velociter conterere valeamus. Qui vivis et regnas cum Deo Patre, in unitate Spiritus Sancti, Deus, per omnia sæcula sæculorum. Amen.

A MATINES

Invitatoire. Célébrons les *Victoires* de de la Vierge Marie:

Invit. Victorias Mariæ Virginis celebremus:

Christum ejus Filium adoremus Dominum.

Ps. 94. Venite exultemus.

Adorons le Christ son fils et Notre Seigneur.

Psaume 94. Venez, etc.

Hymne

Pange lingua Dei paræ
Celebrànda, certamina :
Et triumphes Christiferæ
Nostra collaudent carmina.

Chantez, ô ma langue, les glorieux *combats* de la Mère de Dieu : que nos hymnes célèbrent les *triomphes* de celle qui a porté le Christ.

Iram tremendi Numinis
Accendunt mundi scelera :
Sed hanc Mariæ Virginis
Vincunt materna visceră.

Les forfaits du monde excitent la colère du Dieu redoutable; mais les entrailles maternelles de la Vierge Marie l'apaisent.

O Virgo Sole clarior,
Quam sæpe mortis vincula
Solvisti, morte fortior,
Cuncta proclamant sæcula.

O Vierge, plus éclatante que le soleil, que de fois vous avez *brisé* les liens de la mort ! Oui, vous êtes plus forte que la mort, tous les siècles le proclament.

Tu morbos insanabiles,
Salus ægrorum, superas:
Ærumnas implacabiles,
Spes miserorum, dissipas

Vous guérissez les maladies incurables, ô salut des infirmes ; Vous faites disparaitre l'impitoyable misère, ô espérance des malheureux.

Tu surdis aures aperis,
Cæcos ad lumen revocas,
Mutis vocem restituis,
Et claudis gressum reparas.

Vous rendez l'ouïe aux sourds, la vue aux aveugles, la parole aux muets et l'agilité aux boiteux.

Par vous, les cœurs des Chrétiens méprisent les joies de la terre : par vous, ils sont *victorieux* du siècle pervers et des légions infernales.

Sous votre égide,ils évitent les maux de toute sorte ; sous vos auspices, tout sourit à vos amis.

Accordez - nous , ô Jésus, de fouler le démon sous nos pieds; et régnez dans les cœurs de vos enfants dans les siècles des siècles. Ainsi soit-il.

Per te mentes Christicolum,
Terrena spernunt gaudia :
Per te malignum sæculum,
Et Orci vincunt agmina.

Te propugnante, fugiunt
Cuncta malorum genera,
Te favente, proficiunt
Dilectis tuis omnia.

Præsta,Jesu,sub pedibus
Nostris calcari Zabulum :
Ut in tuorum cordibus
Regnes per omne sæculum. Amen.

Au premier Nocturne

Ant. I. Votre nom est admirable, ô Seigneur Jésus , dans votre Très Sainte Mère; car, par son bras, vous avez réduit au silence l'ennemi et celui qui voulait se venger.

Ant. II. Que toute la terre entende le récit des *Victoires* de Marie; et,que les cieux racontent éternelle - ment ses triomphes glorieux !

Ant. III. O vous Reine des vertus, ô vous Reine de gloire; ô vous pleine de force

Ant Admirabile Nomen tuum, ô Domine Jesu, in sanctissima Matre tua : quia in manu ejus destruxisti inimicum et ultorem. — Ps. 8. Domine Dominus noster.

Ant. In omnem terram exeat laus Victoriarum Mariæ;et gloriam Triumphorum ejus, Cœli enarrent in æternum.—Ps.18 Cœli enarrant.

Ant. Tu Domina virtutum, tu Regina gloriæ : tu fortis et potens in prælio fecisti victoriam. —

Ps. 23. Domini est terra.

℣. Una Mulier hebræa

℟. Confusionem fecit in domo principis tenebrarum.

et de puissance, vous avez remporté la *Victoire*.

℣. Une femme juive,

℟. A mis la confusion dans la maison du prince des ténèbres.

Première Leçon

De libro Genesis, *cap*. 3.

Du livre de la Génèse, chap. 3.

Vocavit Dominus Deus Adam, et dixit ei : Ubi es? qui ait : vocem tuam audivi in Paradiso; et timui, eo quod nudus essem et abscondi me. Cui dixit: quis enim indicavit tibi quod nudus esses, nisi quod ex ligno de quod præceperam tibi ne comederes, comedisti ? Dixitque Adam : Mulier, quam dedisti mihi sociam, dedit mihi de ligno, et comedi: Et dixit Dominus Deus ad mulierem: quare hoc fecisti ? Quæ respondit : Serpens depit me, et comedi. Et ait Dominus Deus ad serpentem: quia fecisti hoc, maledictus es inter omnia animantia, et bestias terræ : super pectus tuum gradieris, et terram comedes cunctis diebus vitæ tuæ. Inimicitias ponam inter te et Mulierem, et semen tuum et semen

Le Seigneur Dieu appela Adam, et lui dit : Où êtes-vous ? Adam lui répondit : « J'ai entendu votre votre voix dans le paradis, et j'ai eu peur parce que j'étais nu : c'est pourquoi, je me suis caché. Le Seigneur lui répartit : Et d'où avez-vous su que vous étiez nu, sinon de ce que vous avez mangé du fruit de l'arbre dont je vous avais défendu de manger ? Adam lui répondit : la femme que vous m'avez donnée pour compagne, m'a présenté du fruit de cet arbre et j'en ai mangé. Le Seigneur dit à la femme : Pourquoi avez-vous fait cela ? Elle répondit: Le serpent m'a trompée et j'ai mangé de ce fruit :

Alors le Seigneur dit au serpent : parceque tu as agi de la sorte tu es maudit entre tous les animaux et toutes les bêtes de la terre; tu ramperas sur le ventre et tu mangeras la terre tous les jours de ta vie. Je mettrai une inimitié entre toi et la femme, entre sa race et la tienne ; *elle te brisera la tête.*

Répons I. - Louez le Seigneur notre Dieu qui n'a point abandonné ceux qui espéraient en lui : il a regardé l'humilité de sa servante et il a tué par sa main l'ennemi de son peuple. — ℣. Rendons grâces à Dieu qui vous a accordé la *Victoire* par son cher Fils qui est aussi le vôtre. Il a regardé, etc.

illius : Ipsa conteret caput tuum.

℟. Laudate Dominum Deum nostrum, qui non deserit sperantes in se : Respexit humilitatem ancillæ suæ, et interfecit in manu mea hostem populi sui. (Judith ch. XIII ℣. 17. 18.) - ℣ Gratias Deo, qui dedit tibi victoriam, per dilectum Filium suum et tuum. Respexit.

Deuxième Leçon

Du cantique des cantiques, chap. 6.

Je suis à mon Bien-Aimé et mon Bien-Aimé est à moi, lui qui se nourrit parmi les lis.—Vous êtes belle, ô mon amie, et pleine de douceur; vous êtes belle comme Jérusalem et *terrible comme*

De Canticis Canticorum Cap. 6.

Ego Dilecto meo, et Dilectus meus mihi, qui pascitur inter lilia. Pulchra es, Amica mea, suavis, et decora sicut Jerusalem : terribilis ut castrorum acies ordinata. Una est Columba mea, Perfecta mea, una est

Matris suæ, electa geni-
trici suæ. Viderunt eam
filiæ, et beatissimam
prædicaverunt, reginæ et
concubinæ, et laudave-
runt eam. Quæ est ista,
quæ progreditur quasi
aurora consurgens, pul-
chra ut luna, electa ut
sol, terribilis ut castrorum acies ordinata ?

*une armée rangée en
bataille.* Une seule est
ma colombe, ma par-
faite, la fille unique
de sa mère, choisie
par celle qui lui a
donné la vie. Les filles
l'ont vue et elles ont
publié qu'elle est très-
heureuse ; les reines
et les autres femmes
l'ont vue et lui ont don-
né des louanges. Quelle
est celle-ci qui s'a-
vance comme l'aurore
lorsqu'elle se lève, qui
est belle comme la
lune et éclatante com-
me soleil, et qui est
*terrible comme une
armée rangée en ba-
taille* ?

℟. Benedicta es tu, ô
Maria, a Domino, et be-
nedictus Dominus, qui
per te confregit inimicos
nostros : et nomen tuum
ita magnificavit, ut non
recedat laus tua de ore
hominum in æternum.
(Judith, c. XIII, ℣. 25).

℟. II. — Vous êtes
bénie par le Sei-
gneur, ô Marie; et le
Seigneur est béni, car,
par vous, il a brisé
nos ennemis, et il a
rendu votre nom si cé-
lèbre que votre louan-
ge ne sortira jamais
de la bouche des hom-
mes.

℣. Magnificat anima mea
Dominum, qui fecit po-
tentiam in brachio suo.
Et nomen.

℣. Mon âme loue le
Seigneur qui a fait
éclater la puissance
de son bras. — Et il a
rendu, etc.

Troisième Leçon

Du livre de l'Ecclé- siastique, chap. 24.

Je suis sortie de la bouche du Très-Haut. Je suis née avant toute créature. C'est moi qui ai fait naître dans le ciel une lumière qui ne s'éteindra jamais et qui ai couvert toute la terre comme d'un nuage. J'ai habité dans les lieux les plus éle- vés et mon trône est dans une colonne de nuée. J'ai fait seule tout le tour du ciel, j'ai pénétré la profon- deur des abîmes, j'ai marché sur les flots de la mer et j'ai par- couru toute la terre. J'ai eu l'empire sur tous les peuples et sur toutes les nations. J'ai *foulé aux pieds par ma puissance les cœurs de tous les hom- mes grands et petits.*

℟. III. — Venez, mon épouse, venez du Li- ban; vous avez vail- lamment combattu et glorieusement terras- sé tous mes ennemis; venez recevoir votre couronne.— ℣. Ce n'est pas ma main, c'est le Seigneur qui a accom- pli tous ces prodiges de valeur ; gloire lui

De libro Ecclesiastici. Cap. 24.

Ego ex ore Altissimi pro- divi, Promogenita ante omnem creaturam. Ego feci in cœlis ut oriretur lumen indeficiens, et si- cut nebula texi omnem terram. Ego in altissimis habito, et thronus meus in columna nubis. Gy- rum Cœli circuivi sola, et profundum abyssi pe- netravi ; in fluctibus ma- ris ambulavi, et in omni terra steti : et in omni populo, et in omni gente primatum habui ; et om- nium excellentium et hu- milium corda virtute cal- cavi.

℟. Veni, sponsa mea, veni de Libano : tu legi- time certasti, et gloriose superasti omnes inimi- cos meos ; veni, corona- beris.

℣. Non manus mea, sed Dominus fecit hæc omnia, ipsi gloria in sæcula. Tu legitime. Gloria Patri. Tu.

soit rendue dans les siècles des siècles. — Vous avez vaillamment. — Gloire soit au Père. — Vous avez vaillamment, etc.

Au deuxième Nocturne

Ant. Sagittæ tuæ, o Maria, acutæ in corda inimicorum Regis : populi sub te cadent. Ps. 44. Eructavit.

Ant. I. — Vos flèches sont aigues, ô Marie; elles pénétreront jusqu'au cœur des ennemis du Roi : les peuples tomberont à vos pieds.

Ant. Venite, videte prodigia, quæ per manus Virginis fecit Dominus : caput, et arma draconis confregit usque ad finem terræ. Ps. 45. Deus noster refigium.

Ant. II. Venez voir les prodiges que le Seigneur a opérés par les mains de la Vierge : il a mis en pièces la tête et les armes du dragon, jusqu'aux extrémités de la terre.

Ant. Gloriosa dicta sunt de te, o Mater Dei, quia super aspidem, et basiliscum ambulasti; et conculcasti leonem et draconem. Ps. 90. Fundamenta ejus.

Ant. III. On a dit de vous des choses glorieuses, ô Mère de Dieu; car, vous avez marché sur l'aspic et le basilic et vous avez foulé aux pieds le lion et le dragon.

℣. Elegit Mariam Dominus ab æterno.

℣. Le seigneur a choisi Marie de toute éternité,

℟. Ut in ea contereret hostem populi sui.

℟. Afin d'annéantir par elle l'ennemi de son peuple.

Quatrième Leçon

Parmi les très-grands et ineffables bienfaits que la bonté de Dieu a accordés à la religion chrétienne par les mains de la bienheureuse Vierge Marie, il en est un qu'il est juste de célébrer avec un soin tout particulier ; c'est la *Victoire* insigne que, grâce à l'appui de la mère de Dieu, les Chrétiens remportèrent sur l'armée presque innombrable des Turcs, à Lépante, à l'entrée du golfe de Corinthe, le dimanche 7 octobre, en l'année du Seigneur 1571 ! La flotte ottomane l'emportait de beaucoup en nombre et en forces. Cependant, la flotte chrétienne la mit en complète déroute. La Providence divine combattit contre les infidèles d'une manière éclatante; car dès l'ouverture du combat, vers midi, le vent jusque-là contraire aux Chrétiens s'apaisa pleinement pendant quelques instants ; alors, une brise légère partant du couchant chassa vers les Turcs la

Inter maxima et inenarrabilia beneficia, quæ immensa Dei bonitas Christianæ Religioni, per manus beatissimæ Virginis Mariæ contulit ; illud merito singulari studio celebrandum, quo insignis illa, de innumerabili pene Turcarum exercitu, victoria, a Christianis, ejusdem Dei Genitricis auxilio, parta fuit, ad Naupactum Achaïci Sinus, anno Domini millesimo quingentesimo septuagesimo primo, septima octobris, quæ in Dominica incidebat. Cum enim Turcarum Classis, viribus et numero longe major esset, a Christiana tamen omnino profligata est, divina potentia mirum in modum contra infideles præliante. Nam cœpto certamine, hora circiter meridiana, ventus, qui eo usque Christianis adversus fuerat, momento quievit penitus : subindeque exurgens aura lenis ab occasu, fumum tormentorum in Turcos detulit : jam quoque Solé, transmissa media Cœli regione, radiis suis eorum offendente obtutum, qui prius in Christianorum incurrebat occulos.

℟.Tu gloria Jerusalem, tu *lætitia* Israel, *tu ho*norificentia populi nostri : quia fecisti viriliter, et confortatum est cor tuum, eoquod castitatem amaveris. (Judith, ch. xv, v, 10, 11).

℣. Manus Domini c n-fortavit me : et ideo bea · tam me dicent omnes generationes. Quia.

fumée des canons ; puis, le soleil, déjà sur son déclin, vint aussi leur offusquer la vue de ses rayons qui, tout d'abord, blessaient les yeux des Chrétiens.

℟. IV. — Vous êtes la gloire de Jérusalem ; vous êtes la joie d'Israël; vous êtes l'honneur de notre peuple; car vous avez agi avec un courage viril et *votre cœur* s'est affermi, car vous avez aimé la chasteté

℣. C'est la main du Seigneur qui m'a fortifiée : voilà pourquoi toutes les nations me proclament bienheureuse. Car vous avez agi, etc.

Cinquième Leçon

Pugnatum est quatuor circiter horis, quarum spatio Christiani maximam omnium, quæ in mari, post conditum Imperium Romanum, extiterint, victoriam divinitus consecuti sunt. Cæsorum vero hostium numerum , multi triginta millium fuisse, cæteri viginti quinque tantum affirmant : captivorum trium millium, et quingentorum, atque in iis insignes viri , viginti quinque. Cuncti fere du-

Le combat dura quatre heures environ.

Pendant ce laps de temps, les Chrétiens remportèrent miraculeusement *la victoire* dans la plus fameuse des batailles navales livrées depuis la fondation de l'empire romain. Dans les rangs ennemis 30,000 suivant les uns, 25,000 seulement d'après les autres, trouvèrent la mort; 3,500 furent faits prisonniers, au nombre desquels étaient 25 officiers supérieurs. L'armée ennemie se vit enlever par ses vainqueurs ses pièces de canon, au nombre de 260; 117 trirèmes et 13 birèmes; 50 parvinrent à s'échapper, les autres furent brisés sur les rochers du rivage et périrent avec leur équipage, quelques-uns furent brûlés, la plupart furent coulés à fond. Par contre, 15,000 Chrétiens détenus en captivité dans la flotte des Turcs, recouvrèrent leur liberté.

℟. v. — Le Seigneur vous a engagée dans un rude combat, ô reine, pour que vous remportiez la *victoire*, et parce que vous avez *vaincu*, il vous a conféré la puissance sur les nations, et il vous a élevée au-dessus de tous les chœurs des Anges.

℣. Il m'a rappelée joyeuse de *sa victoire*, de mon évasion et de votre délivrance.

— Et parce que, etc.

ces certamine perierunt. Capta sunt hostilis exercitus tormenta bellica, ducenta sexaginta sex ; triremes centum septemdecim ; biremes tredecim : quinquaginta circiter evaserunt ; reliquæ cum navigiis partim littoribus elisæ, partim undis absorptæ, aut flammis assumptæ : christianorum vero captivorum, qui in classe Turcorum detinebantur, quindecim millia in libertatem vendicata sunt.

℟ Certamen forte dedit tibi Dominus, o Regina, ut vinceres : et quoniam vicisti, dedit tibi potestatem super omnes choros Angelorum. (Apoc. c. 11, 26).

℣. Revocavit me gaudentem in Victoria sua, in evasione mea, et in liberatione vestra : Et quoniam. (Judith, cap. XIII, v, 20).

S'xième Leçon

Ipso pugnæ die, nocteque præcedenti. Romæ Pius Pontifex, cum jam classes, prope esset ut congrederentur, existimaret, multo ardentius in preces ad imprecandam Dei opem se dedit; idque ipsum per singula Collegia, ac Cœnobia faciendum curavit. Cum vero tempore pugnæ, in cubiculo suo, cum suis, de quibusdam negotiis ageret, illis ex improviso relictis fenestram aperuit, oculisque in Cœlum sublatis, paulisper fixus ita perstitit, ac subinde fenestram claudens astantibus significavit, non jam tempus negotiandi esse, sed gratias Deo agendi pro victoria a Christianis obtenta. Ubi autem certum ejus nuntium accepit, gratiis solemnibus peractis, ut tantum divinæ clementiæ beneficium Christianus populus perpetuo coleret, ad honorem Dei, ejusque sanctissimæ Genitricis Virginis Mariæ, cujus potissimum auxilio tantam victoriam partam esse profitebatur, (et merito quidem, præsertim cum eodem die, per universum Christianum orbem, sodalitates

Le jour même du combat et la nuit précédente, le Pontife romain, Pie V, redoubla de ferveur dans ses prières pour implorer le secours de Dieu, au moment où la rencontre navale était sur le point de s'opérer. Il demanda également des prières dans ce but à tous les monastères et à toutes les communautés religieuses. Puis, il se retira dans ses appartements pour traiter certaines affaires avec ses familiers. Soudain, au plus fort de l'action, il les quitta précipitamment, courut ouvrir une fenêtre et demeura pendant quelque temps, les yeux fixés au ciel. Fermant alors la fenêtre, il dit aux assistants: « Maintenant ce n'est plus le temps de s'occuper d'affaires, c'est l'heure de remercier Dieu pour la *victoire* que les Chrétiens viennent de remporter. La nouvelle une fois avérée, et les actions de grâces solennellement rendues, il voulut faire célébrer à perpétuité par le peuple chrétien cet insigne bienfait de la divine bonté pour l'honneur de Dieu et de la Vierge Marie , sa très-sainte mère, à l'intervention de laquelle il attribuait principalement cette *victoire* éclatante, (et cela à bon droit, car, en ce jour-là même, dans tout l'univers catholique, les confréries du Rosaire adressaient, comme de coutume, leurs ferventes prières à la sainte Vierge et faisaient des processions en son honneur.) En conséquence, il décréta que, dorénavant, à perpétuité, l'Eglise catholique fêterait pieusement la mémoire de *Sainte Marie de la Victoire*, le 7 octobre. Il voulut de plus que, dans les litanies de la sainte Vierge, on ajoutât l'invocation : « *Secours des Chrétiens , priez pour nous.* »

℟. vi. — On a dit de vous des choses glorieuses, ô Marie, reine du ciel et souveraine du monde: car, vous avez donné le jour et vous avez commandé

Rosarii pias preces ac processiones, ad sacram Virginem de more haberent) instituit, ut deinceps in perpetuum, nonis octobris, commemoratio sanctæ Mariæ de Victoria, in Ecclesia Catholica pie recoleretur: atque in Litaniis ejusdem Virginis inseri voluit : Auxilium Christianorum, ora pro nobis. Tu autem.

℟. Gloriosa dicta sunt de te, o Maria Regina Cœli, Domina mundi : quia ex te natus, et tibi subditus est Rex Reg um et Dominus Dominantium. (Genes XXXII, 28.)

au Roi des rois et au Seigneur des seigneurs.

℣. Si fortis fuisti contra Deum, quanto magis contra omnia, quæ sub Deo sunt, prævalebis. Quia. Gloria Patri. Quia.

℣. Si vous avez été forte contre Dieu, combien le serez-vous davantage contre tout ce qui est au dessous de Dieu! — Car vous avez — Gloire au Père — Car vous avez, etc.

Au troisième Nocturne

Ant. Gaude, Maria Virgo, quia data est tibi potestas calcandi super omnem virtutem inimici (Luc, X) et omnem languorem et infirmitatem curandi. (Matt x. 1.)

Ant. I. Réjouissez-vous, ô Vierge Marie, car vous avez reçu le pouvoir de fouler aux pieds toute la puissance de l'ennemi et de guérir toute langueur et toute infirmité.

Ant. Bonum certamen certavi: ideo data est mihi corona justitiæ, quæ est super omnes coronas civium supernorum.

Ant. II. J'ai combattu le bon combat; c'est pourquoi j'ai reçu la couronne de la justice qui est au-dessus de toutes les couronnes des habitants du céleste séjour.

Ant. O Mater admirabilis, ex te natus, et tibi subditus est Deus: si ergo contra Deum fortis fuisti, quanto magis contra omnia, quæ sub Deo sunt, prævalebis ?

Ant. III. O mère admirable, Dieu est votre fils, il vous a été soumis : si donc vous avez été forte contre Dieu, combien le serez-vous davantage contre tout ce qui est au-dessous de Dieu !

℣ Elle a remporté la *Victoire* au milieu de ses ennemis.

℟. Le Seigneur les a réduits à lui servir de marchepied.

℣. Dominata est in medio inimicorum suorum:

℟. Posuit eos Dominus scabellum pedum ejus.

Septième Leçon

Leçon tirée du St-Evangile selon Saint-Luc.

En ce temps-là, l'ange Gabriel fut envoyé de Dieu en une ville de Galilée appelée Nazareth, à une Vierge qui était mariée à un homme de la maison de David, nommé Joseph, et cette vierge s'appelait Marie. — Et le reste, Homélie de St-Bernard, abbé.

Lectio sancti Evangelii secundum Lucam. Cap. I (26, 27.)

In illo tempore : Missus est Angelus Gabriel, a Deo, in civitatem Galilææ, cui nomen Nazareth, ad Virginem desponsatam viro, cui nomen erat Joseph, de domo David, et nomen Virginis Maria. Et reliqua.

Homilia sancti Bernardi Abbatis.

L'ange, dit il, fut envoyé à une vierge: vierge par la chair, vierge par l'esprit, vierge par la profession, vierge enfin telle que la décrit l'apôtre, sainte d'esprit et de corps. Il ne s'agit pas d'une vierge quelconque. Il s'agit d'une vierge choisie dès l'origine, connue d'avance par le Très-Haut et préparée pour lui, gardée par les Anges, figurée par les Patriar-

Missus est, inquit, Angelus ad Virginem. Virginem carne, virginem mente, virginem professione, virginem denique, qualem describit Apostolus, mente et corpore sanctam. Nec noviter nec fortuito inventam ; sed a sæculo electam, ab altissimo præcognitam, et sibi præparatam, ab Angelis servatam, a Patribus præfiguratam, a Prophetis promissam. Scrutare scripturas, et proba quæ dico. Visne ut ego aliqua ex his testimonia hic inferam ? Ut pauca loquar de pluribus : quam tibi aliam prædixisse Deus videtur, quando ad serpentem ait : inimicitias ponam inter te'et Mulierem? Et si adhuc dubitas, an de Maria dixerit, audi quod sequitur : Ipsa conteret caput tuum. Cui hœc servata Victoria est, nisi Mariæ ? Ipsa procul dubio caput contrivit venenatum , quæ omnimodam maligni suggestionem, tam de carnis illecebra, quam de mentis superbia deduxit ad nihilum.

℟. Congregati sunt inimici nostri, ut dimicent contra nos, et ignoramus quid agere debeamus : ad te sunt oculi nostri, ô Domina, ne pereamus :

ches, promise par les Prophètes. Scrutez les écritures et vous trouverez la preuve de ce que je dis. Voulez-vous que je rapporte ici quelques-uns de ces témoignages ? Ils abondent. Voici, pour n'en citer que quelques-uns : quelle autre créature Dieu vous semble-t-il avoir eue en vue, quand il dit au serpent : « Je mettrai une inimitié entre toi et la femme ? » Que si vous doutez encore qu'il s'agisse de Marie, écoutez ce qui suit : « *Elle te brisera la tête.* » A qui cette *Victoire* a-t-elle été réservée, sinon à Marie ? Sans nul doute, c'est elle qui a brisé cette tête vénimeuse, elle qui a su déjouer toute les suggestions du malin esprit et les séductions de la chair et l'orgueil de l'esprit.

℟. VII. Nos ennemis se sont réunis pour combattre contre nous et nous ignorons ce que nous devons faire : nous tournons nos regards vers vous, ô notre souveraine, de peur que nous ne périssions : Broyez-les par notre puissance.

℣. Vous savez ce qu'ils méditent contre nous : comment pourrons-nous leur résister en face si vous ne nous venez pas en aide ? Nous tournons, etc.

contere illos in virtute tua.

℣. Tu scis quæ cogitant in nos : quomodo poterimus subsistere ante faciem eorum, nisi tu adjuves nos. Ad te sunt.

Huitième Leçon

De quelle autre que Marie Salomon parlait-il quand il disait : « Qui trouvera une femme forte ? » Le sage, en effet, connaissait la faiblesse de ce sexe, mais il savait aussi que, suivant la promesse de Dieu, il semblait convenable que celui qui avait triomphé par la femme, fut vaincu par elle; alors, rempli d'une sainte ardeur, il s'écriait avec enthousiasme : « qui trouvera une femme forte? » comme s'il eût dit : si c'est ainsi dans la main de la femme que réside, et notre salut à tous, et la restitution de l'innocence, et la *Victoire* sur l'ennemi, elle devra nécessairement être forte celle qui sera capable d'obtenir un pareil

Quam vero aliam Salomon requirebat, cùm dicebat: Mulierem fortem quis inveniet ? Noverat quippe vir sapiens hujus sexus infirmitatem: qui a tamen et Deum legerat promisisse, et ita videbat congruere, ut qui vicerat per fœminam, vinceretur per ipsam, vehementer admirans aiebat : Mulierem fortem quis inveniet ? Quod est dicere : si ita de manu fœminæ pendet et nostra omnium salus, et innocentiæ restitutio, et de hoste victoria ; fortis omnino necesse est ut provideatur, quæ ad tantum opus possit esse idonea. Sed mulierem fortem quis inveniet ? At ne hoc quæsisse putetur desperando, subdit prophetando: procul, et de ultimis finibus pretium ejus ; hoc est, non vile, non parvum, non mediocre, non denique de terra, sed de Cœlo; nec de Cœlo proximo terris pretium fortis hujus Mulieris, sed à summo Cœlo egressio ejus

triomphe. Mais qui la trouvera cette femme forte ? Pour ne pas paraître la chercher en vain, il ajoute d'un ton prophétique : elle est plus précieuse que ce qui s'apporte de l'extrémité du monde. C'est un joyau qui n'est ni commun, ni de peu de valeur; on ne le rencontre pas sur la terre, on ne le trouve qu'au Ciel, et encore, n'est-ce pas de la partie du Ciel qui est rapprochée de la terre que vient l'incomparable femme forte; c'est au plus haut des Cieux qu'elle prend son origine.

℟. Confortamini, filii, in Domino, et in potentia virtutis ejus : induite vos armaturam Dei, humilitatem, benignitatem, patientiam, obedientiam, charitatem. ℣. Pone nos, ô Maria, juxta te, et cujusvis manus pugnet contra nos. Induite. Gloria Patri. Induite.

℟. vii. Fortifiez-vous dans le Seigneur, mes enfants; fortifiez-vous dans la vertu de sa puissance. Revêtez l'armure de Dieu : l'humilité, la bonté, la patience, l'obéissance, la charité. — ℣. Placez-nous près de vous, ô Marie; nous pourrons alors braver toutes les attaques. — Revêtez. —Gloire.-Revêtez,etc.

La neuvième Leçon se dit de S. Marc, Pont.

Te Deum laudamus

LAUDES

Ant. O quàm pulchra ‖ _Ant. I._ O qu'elle est

belle la génération des âmes chastes ! Elle triomphe et est couronnée pour jamais comme *Victorieuse* pour avoir remporté le prix dans les combats pour la pureté.

Ant. II. Glorifiez avec moi le Seigneur qui n'abandonne pas ceux qui espèrent en lui et qui a tué par ma main l'ennemi de son peuple.

Ant III. Que toutes les extrémités de la terre bénissent le Seigneur, car par vous, ô Marie, il a anéanti nos ennemis.

Ant. IV. Vous êtes bénie par le Seigneur, car vous avez remporté la *Victoire*, voilà pourquoi vous êtes assise sur le trône de votre Fils qui, lui aussi, est assis en vainqueur sur le trône de son Père.

Ant. V. Louanges et gloire vous soient rendues, ô Reine du Ciel, car vous avez dans vos mains des épées à deux tranchants pour châtier les ennemis de notre salut.

est casta generatio! In perpetuum coronata triumphat, incoinquinatorum certaminum præmium vincens. (Sag. IV, 1.) *Ps.*92 Dominus regnavit.

Ant. Magnificate Dominum mecum, qui non deserit sperantes in se, et qui interfecit in manu mea hostem populi sui. (Judith. XIII, 17. 18.) *Ps.* 99 Jubilate Deo.

Ant. Benedicant Dominum omnes fines terræ, quia per te, ô Maria, ad nihilum redegit inimicos nostros. (Judith. XIII 22) ps. 62 et 69. Deus.

Ant. Benedicta es tu, à Domino, quoniam vicisti : ideo sedes in throno filii tui, sicut ipse vicit, et sedet in throno Patris sui. (Apoc. III. 21.) Cant. Benedicite omnia opera Domini.

Ant. Tibi laus , tibi gloria, ô Regina Cœli : quia gladii ancipites in manibus tuis, ad faciendam vindictam in hostibus salutis nostræ (*Ps.* CXLIX. 6, 7.) – Ps. 148, 149 et 150.

CAPITULE

Mulierem fortem, *comme ci-devant*

Hymne

O Marie, mère de Dieu, les étoiles forment votre couronne, vous êtes la Reine des camps du monde. Votre ceinture est resplendissante comme le soleil.

O Maria Deigena,
Coronata sideribus,
Castrorum Poli Domina,
Solis cincta splendoribus.

Revêtue d'une céleste armure, vous brisez les dix cornes du dragon, ô mère de l'Agneau, et vous broyez ses sept têtes.

Armis induta cœlicis,
Decem draconis cornua
Tu, Mater Agni, conteris,
Et septem frangis capita.

Par vous, les martyrs se rient de la cruauté des tyrans. Par vous, les vierges saintes, de la chair abhorrent les jouissances.

Per te derident Martyres
Tyrannorum sævitiam :
Per te sacratæ Virgines
Carnis horrent spurcitiam,

O Vierge, mère des vierges, seule, vous éclipsez la beauté des palmes de tous les bienheureux, par l'éclat du lis de la virginité.

O Virgo, Mater Virginum,
Tu palmas omnes superûm,
Sola vincis eximio
Virginitatis lilio.

Toutes les couronnes célestes sont à vous, elles sont votre gloire. Les trophées des soldats du Christ vous appartiennent tous de droit.

Tuæ sunt omnes Cœlitum
Coronæ, tua gloria :
Trophæa Christi Militum
Tua, Jure, sunt omnia.

In Nati quippe sanguine,
Isti vincentes tartara,
Cùm Prole et Matre Vir-
    gines,
Triumphant super side-
    ra.

Eia, virili pectore,
Sequamur Matris prælia:
Vincet Mater in sobole,
Crescet vincentis gloria.

Præsta, Jesu, sub pedibus
Nostris calcari Zabulum :
Ut in tuorum cordibus
Regnes per omne sæcu-
    lum. Amen.

℣. Dignare me laudare
te, Virgo sacrata :

℟. Da mihi virtutem
contra hostes tuos.

Car, par les mérites
du sang du Fils, ils
ont *vaincu* les enfers.
Avec l'Enfant et sa
mère toujours vierge,
ils triomphent au plus
haut des cieux.

Eh bien ! Chrétiens
au cœur magnanime,
combattons à l'exem-
ple de notre mère. La
mère triomphera dans
ses descendants. Ain-
si s'accroîtra la gloire
de *N. D. de la Vic-
toire.*

Accordez-nous, ô Jé-
sus, la grâce de fou-
ler le diable sous nos
pieds, et régnez dans
les cœurs de vos en-
fants, dans les siècles
des siècles.

℣. Rendez-moi digne
de vous louer, ô Vier-
ge sainte;

℟. Fortifiez-moi con-
tre vos ennemis.

A Benedictus, *Ant.*

Quid videbis in Sula-
mite, nisi choros castro-
rum ? Turris fortissima
Nomen ejus omnibus in-
vocantibus eam. (Cant.
VII, 11.)

Ant. — Que verrez-
vous dans la Sula-
mite, sinon une com-
battante qui sait dé-
fendre et son hon-
neur et sa vertu, com-
me une armée rangée
en bataille ? Son nom
est une tour inexpu-
gnable pour ceux qui
l'invoquent.

Oremus
Domine Deus, *comme
ci-devant.*

Oraison
Seigneur, *comme à
vêpres.*

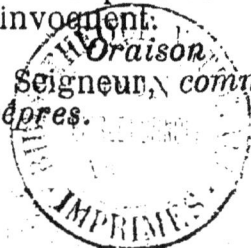

Ensuite on fait Memoire de saint Marc,
Pont. et des saints Serge, etc., Martyrs

A TIERCE

Ant. II. Glorifiez avec moi le Seigneur (comme à Laudes).

Ant. Magnificate Dominum.

CAPITULE

Qui trouvera ? (comme à Vêpres).

Mulierem fortem, *comme ci-devant.*

℟. *br.* Une femme juive, ℣. A mis la confusion dans la maison du prince des ténèbres. — Gloire soit au Père. — Une, etc.

℣. Le Seigneur a choisi Marie de toute éternité.

℟. Afin de broyer par elle l'ennemi de son peuple.

℟. br. Una Mulier hebræa. Una. ℣. Confusionen fecit in domo principis tenebrarum. Mulier hebræa. Gloria Patri. Una.

℣. Elegit Mariam Dominus ab æterno :

℟. Ut in ea contereret hostem populi sui.

A SEXTE

Ant. III. Que toutes (comme à Laudes).

Ant. Benedicant Dominum.

CAPITULE

Il parut un grand prodige dans le Ciel : c'était une femme revêtue du soleil, qui avait la lune sous ses pieds et une couronne de douze étoiles sur sa tête.

Signum magnum apparuit in Cœlo ; Mulier amicta sole, et luna sub pedibus ejus, et in capite ejus corona stellarum duodecim.

℟. *br.* Le Seigneur a choisi Marie de toute éternité. ℣. Afin de broyer par elle l'ennemi

℟. *br.* Elegit Mariam Dominus ab æterno. Elegit. ℣. Ut in ea contereret hosten populi sui. Ab

æterno.Gloria Patrir Ele-
git.

ỳ. Dominata est in me-
dio inimicorum suorum:

℟. Posuit eos Dominus
scabellum pedum ejus.

de son peuple. De
toute eternité. — Gloi-
re soit au Père. — Le
Seigneur.

ỳ. Elle a remporté
la *Victoire* au milieu
de ses ennemis.

℟ Le Seigneur les a
réduits à lui servir de
marchepied.

A NONE

Ant. Tibi laus.

Ant. V. Louange et
gloire (comme à Lau-
des).

CAPITULE

Ego in altissimis ha-
bito, et thronus meus in
columna nubis : et in om-
ni gente primatum habui:
et omnium excellentium
et humilium corda virtute
calcavi. (Eccl. xxiv.7.10.
11).

J'habite au plus haut
des cieux et mon trô-
ne est dans une co-
lonne de nuée ; et,
j'ai eu l'empire sur
toutes les nations; et,
j'ai foulé aux pieds
par ma puissance les
cœurs de tous hom-
mes grands et petits.

℟. *br.* Dominata est in
medio inimicorum suo-
rum. Dominata est in
medio. ỳ. Posuit eos Do-
minus scabellum pedum
ejus. In medio. Gloria
Patri. Dominata est.

℟. br. Elle a rem-
porté la *Victoire* au
milieu de ses ennemis.
ỳ. Le Seigneur les a
réduits à lui servir de
marchepied. — Au mi-
lieu — Gloire soit au
Père. — Elle a rem
porté.

ỳ. Dignare me laudare
te, Virgo sacrata :

ỳ. Rendez-moi digne
de vous louer, ô Vier-
ge sainte.

℟. Da mihi virtutem
contra hostes tuos.

℟. Fortifiez-moi con-
tre vos ennemis.

AUX IIes VÊPRES

Tout comme aux premières, excepté ce qui suit

HYMNE

O mère du Roi de gloire, vous êtes la lumière, la force et l'appui de l'Eglise militante et la joie de l'Eglise triomphante.

Sous vos pieds est écrasée la hideuse cohorte des mauvais anges. A vos lois sont soumis les princes des phalanges célestes.

Celui qui commande à toutes les créatures, Jésus, vous obéit: Celui qui d'un signe régit le monde vous est soumis, à vous qui êtes sa mère,

O Puissance admirable ! Une Vierge commande au Très-Haut. L'auteur de tous les siècles soumet sa volonté à celle de sa mère !

O la plus brave des guerrières ! O notre plus doux espoir, protégez-nous contre nos ennemis dans le suprême combat.

Brisez la chaîne de nos crimes ; déjouez les ruses des démons; extirpez de nos cœurs l'amour du monde,

O Mater Regis gloriæ,
Lumen, robur, præsidium
Militantis Ecclesiæ,
Et triumphantis gaudium.

Tuis sternuntur pedibus
Catervæ truces dæmonum :
Tuis aguntur legibus
Cœli Primates Agminum

Qui Poli turmis imperat
Tibi Jesus obsequitur :
Qui mundum nutu temperat
Tibi Parenti subditur.

O miranda potentia !
Virgo regit Altissimum :
Qui sæcla fecit omnia
Matris subit imperium.

O Bellatrix fortissima,
O Spes nostra dulcissima,
Ab hostibus nos protege,
In extremo certamine.

Dirumpe vincla criminum,
Everte fraudes dæmonum :
In corde mundus occidat,

Vetus homo dispereat.

Tolle Cordis superbiam,
Amoren aufer noxium :
Pelle mentis nequitiam,
Exturba velle proprium.

Præsta, Jesu, sub pedi-
bus
Nostris calcari Zabulum:
Ut in tuorum cordibus
Regnes per omne sæcu-
lum. Amen

℣. Dignare me laudare
te Virgo sacrata :

℟. Da mihi virtutem
contra hostes tuos.

détruisez en nous les
restes du vieil hom-
me.

Otez l'orgueil de nos
cœurs, arrachez-en
l'amour profane, chas-
sez de notre esprit
l'iniquité, dépouillez
nous de notre volonté
propre.

Accordez-nous, ô
Jésus, la grâce de
fouler le démon sous
nos pieds et régnez
dans les cœurs de
vos enfants, dans les
siècles des siècles.
Ainsi soit il.

℣. Rendez-moi di-
gne de vous louer, ô
Vierge sainte.

℟. Fortifiez-moi con-
tre vos ennemis.

A Magnificat

Ant. Iratus est draco
contra Mulierem, et abiit
ut pugnaret contra eam,
et contra Semen ejus :
sed ipsa contrivit caput
illius.

Oremus

Domine Deus omnipo-
tens.

Ant. Le dragon fut
irrité contre la fem-
me, et il s'en alla com-
battre contre elle et
son enfant; mais, elle
lui broya la tête.

Oraison

Seigneur, tout puis-
sant.

Ensuite on fait Mémoire de Ste-Brigitte, veuve

ÉGLISE DE NOTRE-DAME D'ALLEAUME *(Fig. 9)*

APPENDICE

LISTE DES CURÉS DE N.-D. D'ALLEAUME (1)

DEPUIS 1435.

—————•o•—————

I

Vénérable et discrète personne Messire JEAN
TYSON, *anglais*, prêtre, curé de Sainte-Marie
d'Alleaume seigneur du fief et seigneurie d'Alleaume. Il vivait en 1435 et 1453.

II

Vénérable et discrète personne Mre GUILLAUME
TYSON, anglais, prêtre, neveu du précédent,
curé de Sainte-Marie d'Alleaume, seigneur spirituel et temporel de ladite paroisse, à cause du
fief, terre et seigneurie d'Alleaume. Il était curé
en 1455 et 1472.

_____

(1) Cette liste a été dressée à l'aide d'un catalogue qui se trouve
en tête d'un registre de 1758, et d'une liste qui se trouve dans le
manuscrit de Mangon du Hougue¹, déposé à la Bibliothèque
Sainte-Geneviève, à Paris, (communiquée par M. A. Leduc).
Ces deux listes se complètent mutuellement. Il y a des diver-
gences sur les dates, jusqu'au XVIIe s. Nous donnons la pré-
férence au registre de 1758.

III

Vénérable et discrète personne Mre JEAN LE GOUPIL, *gentilhomme normand,* curé et seigneur d'Alleaume, en 1487 et 1489.

IV

Noble et circonspecte personne Mre JEAN DU MESNILDOT, gentilhomme normand, neveu du précédent, protonotaire apostolique, curé et seigneur d'Alleaume, en 1517 et 1527.

V

Noble et circonspecte personne Mre LOUIS DU MESNILEURY (1) gentilhomme normand, neveu du précédent, curé de N.-D. d'Alleaume et seigneur spirituel et temporel dudit lieu, en 1536. Il vivait encore en 1555. Il était aussi curé de Montreuil.

VI

Vénérable et scientifique personne Mre RICHARD DABARRE, noble, chantre du Roi, chanoine titulaire de la cathédrale de Rouen, et curé d'Alleaume, en 1568.

---

(1) Nous avons deux aveux fai s au roi par L. du Mesnil Eurry « du huitième de fief de Haubert appelé le fief d'Aleaume à luy appartenant à cause de ladite cure à laquelle il est annexé.» L'un est du 6 mars 1538, et l'autre, du 26 avril 1539. Cf. Mangon du Houguet. Mss. cit.

VII

Vénérable et discrète personne Mᵣ° BERTIN MANGON (1), prêtre, curé de St-Malo de Valognes et de N.-D. d'Alleaume, en 1578, chanoine de Coutances et official de Valognes, en 1598, et archidiacre du Cotentin. Il était natif de Brix et cousin du Pierre Mangon, écuyer, sieur du Houguet, vicomte de Valognes, savant antiquaire et magistrat distingué. (1632-1705).

VIII

Vénérable, circonspecte, très noble, discrète et scientifique personne Mᵣₑ THOMAS VIREY, curé d'Alleaume, promoteur en la cour ecclésiastique de Valognes, en 1580 ; il mourut en 1603.

IX

Noble et discrète personne Mᵣₑ PHILIPPE VIREY, frère du précédent, quitta la cure de Sainte-Mar-

---

(1) Cf. Notice sur l'église de Valognes, par M. l'abbé Le Roy dans les mém. soc. arch. de l'arr. de Valognes, tom. I, p. 128. — Journal d'un sire de Gouberville, par l'abbé Tollemer, pages 53, 568, 619 et 760. — D'après le sire de Gouberville, Mangon était aussi curé de Picauville.

Les Mangon portent : d'or au chevron de gueules accompagné de trois *gonds* de sables, au chef d'azur, chargé d'une *main* d'or sortant d'un nuage de même.

Ce sont des armes parlantes : Man-gon — Roissy admit à Brix les Mangon annoblis en 1575; ils furent maintenus, en 1666, par Guy Chamillart.

guerite du Theil pour prendre celle d'Alleaume
où il mourut, le 9 novembre 1609.

X

. Vénérable et discrète personne Mre JACQUES
MASQUET, avocat en la cour ecclésiastique à
Valognes, doyen d'Orglandes et notaire apostolique; il obtint la cure d'Alleaume par le moyen
de M. de Bellefonds, gouverneur de Valognes, en
1610 ; il mourut le 9 octobre 1619 et fut enterré, le
lendemain, dans le sanctuaire, du côté de l'Epitre.

XI

Vénérable et discrète personne Mre JOACHIM
DUBOIS, seigneur et curé d'Alleaume, en 1623 et
1626; prieur et commandeur de l'Hôtel-Dieu (1)
de Valognes (en 1630 et 1634) où il fut inhumé.

---

(1) « L'hôpital général a été détruit, et sur son emplacement
s'élèvent : la prison, l'Hôtel-de-Ville et le palais de Justice » dit
M. Fagart, mém. soc. arch. arr. Valognes, tom. III, p. 74, note
3. — L'Hôtel-Dieu se trouvait entre le Séminaire et les Cordeliers, à
l'endroit où est aujourd'hui le dépôt d'étalons et où l'on voit
encore : la chapelle, la rue de l'Hôtel-Dieu et le pont de l'Hôtel-
Dieu, construit sur le Trembley, par Mangon du Houguet qui
habitait une maison voisine. Il fut fondé en 1498 par Jean Le
Nepveu, prêtre, bourgeois et habitant de Valogn s, chapelain de
Jeanne de France, fille de Louis XI et épouse de Louis de Bour-
bon, comte de Roussillon, grand amiral de France et fondateur
du couvent des Cordeliers.

XII

Vénérable et discrète personne Mre BERTIN
BERTAULT, (1) sieur du Parc, curé d'Alleaume en
1627, prédicateur et casuiste, *titulaire et recteur
de la chapelle de la Victoire*; il résigna à Mre Piquenot, en 1633, mourut en 1658, âgé de 77 ans.

XIII & XIV

Vénérable et discrète personne Mre NICOLAS
PICQUENOT, sieur du Grandprey, bachelier en
théologie de la faculté de Paris, promoteur en

(1) Dans son histoire du diocèse de Coutances, *M. le Canu*
se trompe de 18 ans ! Il nous apprend que Bertin Bertault
mourut en 1640! Or voici ce que ncus lisons sur le *Registre des
inhumations* (1658), déposé au greffe du tribunal civil de Valognes : « Mre Bertin Bertault, prêtre, prédicateur, cy-devant sieur
et curé d'Aleaume, décédé le 27e jour de septembre, a esté inhumé
le 28e jour dudit mois *1658*, proche le grand autel du costé de
l'évangile contre la muraille du cœur (sic). » — Un de ses
ouvrages : « le *Directeur des confesseurs*, en forme de catéchisme,
contenant une méthode nouvelle, briève et facile pour entendre
les confessions, eut un grand succès. Il le publia en 1634 (in-12)
et il était déjà à sa cinquième édition en 1637. — *On l'accuse
de laxisme.*

La bibliothèque du Grand Séminaire de Coutances possède un
exemplaire de la 27e et dernière édition, revue corrigée et aug-
mentée par l'auteur, in-32 de 324 pages, à Rouen. chez Richard
Lallemant, MDCLXXV. — L'ouvrage, publié avec approbation des
Docteurs, est dédié à Mgr Cl. Auvry et précédé de vers latins
adressés à l'auteur par M. Le Pileur, prêtre de Coutances, vic
gén. : « Ad librum *sapientissimi viri magistri B. Bertaut
theologi erruditissimi ac prædicatoris eloquentissimi !* » — On
en trouve 7 exemplaires à la Bibliothèque de Valognes.

l'officialité de Valognes; il commença sa résidence en 1635, mourut en 1672 et fut enterré à la même place que son prédécesseur, ainsi qu'il en avait exprimé le désir; quelques années avant sa mort, il avait résigné à Louis Piquenot, sieur de Draqueville, son frère, bachelier de Paris, qui n'étant point engagé dans les ordres sacrés, quitta l'état ecclésiastique et étudia la médecine sous le sieur Hamon qui obtint du Roy le bénéfice d'Alleaume, pour :

XV

Vénérable et discrète personne Mre Pierre du Vaucelle, seigneur et curé d'Alleaume, *titulaire et recteur de la chapelle de N.-D. de la Victoire.* Il commença sa résidence en 1670 et permuta ensuite, en 1684, pour la cure de Francquevillette, au diocèse de Rouen, avec :

XVI

Noble et discrète personne Mre François-Marie de Crosville, ci-devant curé du Mesnil-au-Val, ensuite de Gouberville et enfin de Francquevillette, au diocèse de Rouen, qu'il permuta en 1684 pour la cure d'Alleaume où il mourut en 1701.

XVII

Noble et discrète personne Mre Jean-Guillaume Piquod de Russy, *personnat* (1) *de Saint-*

---

(1). D'après le droit canonique : Le *personnat* était un titre bénéficial auquel était attachée la préséance sur les autres

Clair, au diocèse .de Bayeux, seigneur et patron
de Sainte-Honorine, Boutron, Torteval, Grandval
et Brillevast, seigneur et curé d'Alleaume, *titulaire et recteur de la chapelle de N.-D. de la
Victoire, directeur de l'hôpital et Hostel-Dieu*
de Valognes ; il mourut à Alleaume le 17 février
1741 et fut inhumé, le lendemain, dans le sanctuaire, du côté de l'épitre.

XVIII

Noble et discrète personne Mre CHARLES-
FRANÇOIS PIGACHE, docteur en théologie de la
faculté de Paris. cy-devant curé de Saint-Sébas-
tien de Raiz, fixa sa résidence à Alleaume le
1ᵉʳ janvier 1741 ; il signa pour la dernière fois sur
les registres de catholicité, déposés au greffe du
tribunal civil, le 28 septembre 1773. On n'y trouve
nulle trace de ses obsèques. Il était « directeur-
né de l'hôpital de Valognes et *chapelain de la
chapelle de N -D. de la Victoire.* »

XIX

Messire JEAN PIERRE DUSSAULX, bachelier, cy-
devant vicaire d'Alleaume et pourvu de la collation

---

clercs, dans l'église, au chœur, dans les processions, etc., sans
juridiction ordinaire *au for extérieur,* (doyen du chapitre de
l'église cathédrale) : ce qui le différenciait des dignités (archi-
diacres, vicaires généraux) qui avaient juridiction au for extérieur. Aujourd'hui le personnat ne diffère plus des dignités. —
Il est vraisemblable que ce curé était de la famille de Gilles
Piquod, *sire de Gouberville,* originaire, lui aussi, de Russy
(Calvados).

du bénéfice-cure dudit lieu, en conséquence d'une sentence rendue le 12 octobre 1773, au baillage de Valognes. Il était curé quand éclata la Révolution. L'Eglise de N.-D. d'Alleaume fut convertie en grenier à blé (1). Le maire, M. Le Cauf, et le conseil municipal, prirent une délibération par laquelle ils transformaient le presbytère en maison commune et en école, puis, ils nommèrent le curé instituteur. A peine la cessation de la tourmente révolutionnaire permit-elle de rouvrir les églises, que la commune d'Alleaume restaura la sienne ; et, son ancien curé, M. Dussaulx, reprit l'exercice de ses fonctions sacerdotales. Le 11 prairial an VIII (1800), le maire de Valognes trouva mauvais que l'Eglise d'Alleaume fût ouverte sans sa permission. Il voulut en faire une *chapelle* à l'usage de l'église Saint-Malo qui ne fut rendue au culte que le 19 mai 1811. Mais, un décret du 7 germinal an XIII (1805) érigea l'église d'Alleaume en *annexe*. Puis, un autre décret de l'empereur Napoléon I, rendu à Saint-Cloud, le 25 fructidor an XIII, l'érigea en *succursale indépendante*. Enfin, par décret du 8 mars 1829, elle fut

---

(1) Le *tabernacle* avait été incendié en 1710. Peu après, on démolit *deux autels* situés à l'entrée du chœur; l'un d'eux était dédié à *Ste-Avoye*. « Le 25 avril 1614, demoiselle Isabeau Le Gey, épouse de Jean Virey, escuier, sieur de Gravier, fonda pour le 1er dimanche de mai, l'office de Ste-Avoye, vierge et martyre compagne de Ste-Ursule. 1 et 2 V. M. L. et Grand'messe à D. e S. D. avec chappes devant l'image de Ste-Avoye. » — « Au mois de janvier 1681, le sieur Lefebvre fut inhumé devant l'autel Ste-Avois à N. D. d'Alleaume. » (Registres de catholicité, déposés au Greffe du Tribunal Civil.)

érigée en *cure de seconde classe* par Mgr de Frayssinous, sur les instances de Mlle Constance d'Ozouville qui avait connu le ministre des cultes, sur la terre d'exil, pendant la Révolution.

M. Dussaulx mourut le 20 mars 1822.

XX

M. FRANÇOIS JEAN, d'Auderville, lui succéda en 1822 et mourut le 29 mars 1831.

XXI

M. HYACINTHE GOSSELIN, de St-Pierre-Eglise, curé en 1831, résigna, en 1850, à :

XXII

M. PAUL LEGRAND, curé de Cérisy-la-Forêt, né à Mesnilvéneron, en 1808 ; il fut transféré à Saint-James, à la fin de 1852.

XXIII

M. PIERRE-FRANÇOIS GUÉRIN, né à Granville en 1809, fut nommé curé de N.-D. d'Alleaume en janvier 1853 ; il est mort curé de St-Saturnin d'Avranches.

XXIV

M. LOUIS-VICTOR POULLAIN, né à Romagny en 1810, nommé curé de N.-D. d'Alleaume, en 1855, est mort curé de Sourdeval-la-Barre.

XXV

M. Pierre Thomas, né à Gatteville, en 1804, fut transféré de Fermanville à la cure de N. D. d'Alleaume, en juin 1866.

XXVI

. M. Émile **HENRY,** né à Réville, le 29 avril 1840, a été transféré de la succursale de Réthoville à la cure de N.-D. d'Alleaume, le 22 juin 1889.

Ad Multos Annos!

TABLE DES MATIÈRES

III. Dédicace de la Chapelle du Castelley sous le vocable de N.-D. de la Victoire. — Conséquences.

GRAVURES

ERRATA

Avant-propos, page 4, ligne 13. — Au lieu de *in-folios*, lisez *in-foljo*.

Page 7, ligne 7. — Au lieu de *cité*, lisez *station*.

— 13, figure 5. — Au lieu de *hypocaceste*, lisez *hvpocauste*.

— 29, ligne 27. — Au lieu de *Ja*, lisez *le*.

— 30, note 1, ligne 7. — Au lieu de *a*, lisez *à*.

— 32, note 1, ligne 9. — Au lieu de *apparenait*, lisez *appartenait*.

— 43, note 2, ligne 5. — Au lieu de *venant la*, lisez *venant de la*.

— 68, ligne 27. — Au lieu de *a*, lisez *à*.

— 87, ligne 8. — Au lieu de *50 parvinrent*, lisez *50 navires parviurent*.

BIBLIOTHEQUE NATIONALE DON IMPRIMÉS

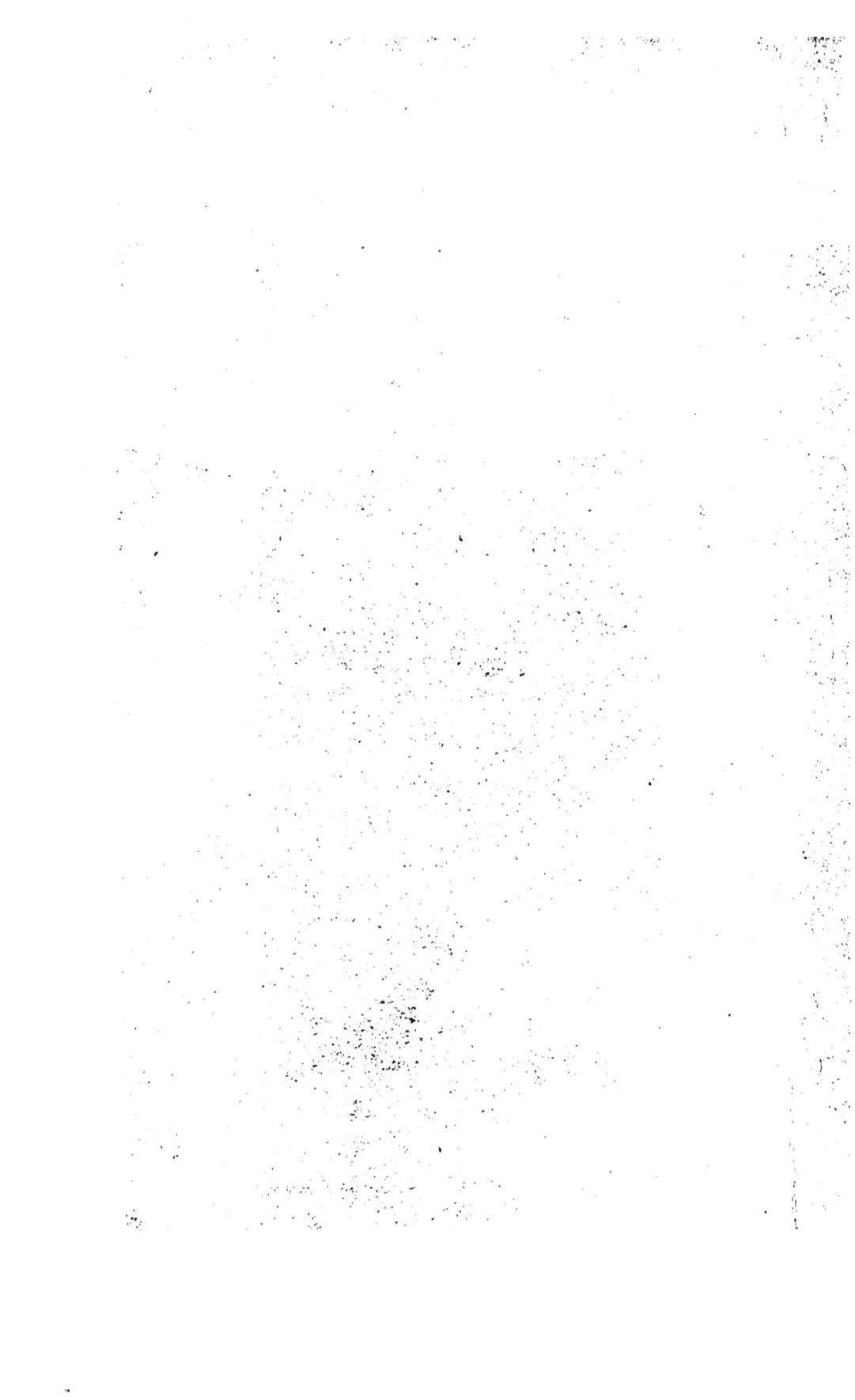

www.ingramcontent.com/pod-product-compliance
Lightning Source LLC
Chambersburg PA
CBHW051721090426

42738CB00010B/2017